緑

COCINA JAPONESA VEGETARIANA

80 recetas para cada día

STEVAN PAUL

緑

COCINA JAPONESA VEGETARIANA

80 recetas para cada día

Grijalbo

Índice

Prólogo

La gastronomía japonesa me fascina desde la juventud gracias a su ligereza y sus frescos aderezos. El idilio con esta cocina sana y energética, tan adecuada a nuestro tiempo, se remonta a mi época de aprendiz de cocina. El arte culinario japonés siempre se ha fundamentado en la reducción a lo esencial, el aprecio por los dones de la naturaleza, la salud, la atención y la sostenibilidad.

Es muy satisfactorio indagar en los aspectos filosóficos de esta gastronomía, pero durante mis viajes también he sido testigo siempre de lo colorida, diversa y adaptable que es, el estrecho vínculo que establece entre el disfrute y la alegría de vivir, y el papel esencial que desempeña en la convivencia. A los japoneses les gusta comer y lo hacen a menudo, ya sea con la familia, los amigos o los compañeros de trabajo, en restaurantes, en bares de ramen y en izakayas. Además, son exigentes con los productos y su elaboración; es asombroso lo difícil, o casi imposible que es comer mal en Japón.

Cómo nació este libro

El deseo de «acercar a casa» el estado de ánimo y la energía de esta gastronomía en todas sus facetas me llevó a escribir un libro de cocina básico, *Cocina japonesa*, para que también fuera posible cocinar esas recetas en el día a día y sin obstáculos. Sin duda, fue todo un atrevimiento para alguien que no es japonés. Me siento muy agradecido de que los lectores recibieran el libro como lo que es: un homenaje respetuoso a la cocina japonesa, alimentado por una sincera admiración.

Poco después de su publicación, regresé a Japón y disfruté del lujo de viajar acompañado por una intérprete. Visité a productores y fabricantes, y tuve un acceso privilegiado a la agricultura y la gastronomía del país; gracias a la intérprete, por primera vez pude superar de verdad las barreras lingüísticas y resolver mis dudas al detalle. Estando allí volví a sumergirme en el universo de productos y aromas de Japón, y ya durante el viaje me di cuenta de que tenía más cosas que contar.

Vegetarianismo en Japón

Al regresar desarrollé la idea de este libro, que sería tan osado como mi anterior atrevimiento de escribir un libro de cocina japonesa siendo europeo: un libro de recetas japonesas vegetarianas. Hay que tener en cuenta que, en Japón, el vegetarianismo se considera mayormente un capricho de las estrellas de Hollywood.

Es cierto que el país disfruta de una larga tradición vegetariana gracias al budismo y la cocina monacal asociada a él. Pero el mar siempre ha sido una importante fuente de alimento para estas islas y, con la apertura a Occidente durante la era Meiji, la carne se hizo rápidamente popular. Ahora, una nueva generación de jóvenes japoneses está redescubriendo la cocina vegetariana, y en las grandes ciudades también son cada vez más frecuentes los bares de ramen y restaurantes vegetarianos.

Lo que me fascina de la cocina verde japonesa es que, al prescindir del pescado y la carne (que en la gastronomía japonesa de todos modos solo obedecen al gusto individual), el universo aromático de Japón vuelve a desplegarse con matices distintos. Se abre un espacio para nuevas técnicas, nuevas especias, y la aventura del umami.

Aprender de Japón: un manual de sabores universal

Trabajando en este libro enseguida constaté que las enseñanzas gustativas de la gastronomía japonesa son universales y pueden trasladarse a la cocina de cada lugar. De manera que esta obra también es un libro de sabores sin fronteras; no solo explica el origen de los aromas y los sorprendentes sabores de la cocina japonesa, sino que en muchos puntos del libro muestro cómo esa diversidad puede enriquecer nuestros propios platos. Eso lo convierte en una obra de consulta en la que buscar inspiración, incluso para la cocina de diario.

Mejor crear que copiar: ¡encuentra tu propia cocina japonesa!

Cocinar da libertad. Por eso este libro es más que la suma de sus recetas: es una invitación a descubrir la cocina japonesa desde una perspectiva creativa única. Muchas de las recetas del libro están organizadas para cocinarse en su conjunto, pero también hay recetas parciales o módulos que invitan a crear variaciones y combinaciones propias. A esto se añaden numerosos consejos, alternativas y variantes en los aderezos. Las recetas del libro están relacionadas y enlazadas unas con otras con el objetivo de aportar ideas y referencias cruzadas y así ofrecer el mayor número de opciones posible. Este sistema de piezas combinables te permitirá adaptarte a tus preferencias y combinar los aderezos, ingredientes y aromas a tu gusto.

La despensa

Este libro contiene numerosas recetas breves para elaborar verduras encurtidas, salsas, aceites y pastas; son «potenciadores de sabor» muy eficaces que se preparan con facilidad, se conservan durante mucho tiempo y pueden utilizarse de forma creativa en una gran variedad de platos. Se describe detalladamente cómo prepararlos y conservarlos (véase p. 102 y siguiente), e invitan a dedicar un fin de semana lluvioso a la cocina. Trabajando en este libro, yo mismo me di cuenta de que este surtido de salsas y especias es lo que permite adaptar al máximo la cocina japonesa al día a día. Muchas veces solo hace falta un poco de verdura fresca y arroz para ponerse manos a la obra y obtener resultados de forma rápida y sencilla.

Me alegro de que emprendamos juntos este apetitoso viaje, y ojalá disfrutes descubriendo la cocina vegetariana de Japón.

Con cariño,

Ingredientes

Y ALTERNATIVAS CASERAS A PRODUCTOS JAPONESES

En realidad, solo necesitas salsa de soja y pasta de miso para cocinar la gran mayoría de las recetas de este libro. Aparte de eso, no son necesarias complicadas compras para elaborar estos platos.

Sin embargo, sí hay un par de ingredientes indispensables para elaborar platos japoneses en casa con buenos resultados. La mayoría de estos productos e ingredientes se encuentran ya sin problemas en los supermercados, en las tiendas ecológicas, en las herboristerías, en las tiendas asiáticas o en internet. En la siguiente lista presento estos ingredientes tradicionales y al mismo tiempo indico cómo elaborarlos o sustituirlos en tu cocina si no dispones de alguno de ellos.

ACEITE DE SÉSAMO ya puede conseguirse fácilmente, aunque la calidad es muy variable, y además el producto tiende a estropearse muy rápido. Como el aceite de sésamo es muy intenso y domina los sabores con facilidad, solo lo utilizo en pequeñas cantidades. En lugar de aceite de sésamo puedes utilizar aceite de nueces, de lino o de colza prensado en frío.

AONORI son láminas de alga nori molidas; el polvo resultante sirve para aderezar y decorar.
Versión casera: un robot de cocina potente nos permite elaborar aonori en casa a partir de láminas de nori, pero también se puede encontrar ya en los supermercados ecológicos bien surtidos, en algunas herboristerías y en las tiendas asiáticas.

DASHI es la base y el elixir mágico de la cocina japonesa (recetas de dashi vegetariano en la p. 111). Aporta el efecto umami a muchos platos y recetas. El dashi listo para comer es una buena solución para el día a día: ya puede encontrarse en polvo (dashi pakku, dashi no moto, hon dashi) y en forma de líquido concentrado en tetrabrik en las tiendas asiáticas o por internet. Cuando tengas mucha prisa, sustituye el dashi por un caldo muy intenso, así al menos se mantendrán las proporciones.

FIDEOS SHIRATAKI se elaboran con harina de raíz de konjac, pero su composición es mayormente agua y por eso no contienen grasa, gluten ni hidratos de carbono. Merece la pena cocinar con estos fideos gruesos y transparentes aunque no se siga una dieta baja en hidratos de carbono, ya que su textura es muy agradable y absorben muy bien las salsas. Pueden sustituirse por fideos celofán.

FIDEOS SOBA son fideos de trigo sarraceno con sabor como a frutos secos. Se presentan en distintos tonos, desde un color claro hasta el marrón oscuro, y a menudo se venden en porciones atadas. Cada paquetito sujeto con una tira de papel corresponde a una ración (100 g). A la hora de sustituirlos, he obtenido resultados aceptables con espaguetis integrales finos.

FIDEOS SOMEN son fideos finos de harina de trigo que pueden sustituirse por espaguetis u otra pasta fina y delicada.

FIDEOS UDON se elaboran con harina de trigo, sal y agua; tradicionalmente se preparan con agua de mar, y la pasta se trabaja con agua caliente y una gran cantidad de sal durante mucho tiempo hasta conseguir una masa elástica. Después se cuecen sin añadir sal al agua. Se venden secos o precocidos y envasados al vacío. Una forma fácil de sustituirlos, solo en cuanto a la forma, son los fettucine italianos.

GOMASIO es sal de sésamo japonesa, que se elabora tostando sésamo blanco y a veces también negro para después molerlo junto con sal. El gomasio comercial suele contener también glutamato.
Versión casera: recetas en las variaciones de la p. 60.

MAYONESA KEWPIE es la marca de mayonesa preferida en Japón. Esta salsa con un adorable bebé en el envase se elabora únicamente con una base de yema de huevo, se condimenta con vinagre de arroz y no contiene azúcar, pero sí un toque de glutamato, que realza los sabores.
Versión casera: triturar en la batidora de vaso 1 yema de huevo con 1 cdta. de mostaza picante, 1 cdta. de vinagre de vino blanco, ½ bolsita de dashi instantáneo (3 g) y 1 pizca de sal. Añadir 150-200 ml de aceite vegetal, primero a gotas y después en un chorrito mientras se sigue batiendo. Salar, enfriar y utilizar siempre ese mismo día.

MIRIN es el «vino para cocinar» que más se utiliza en la cocina japonesa y se elabora a partir de arroz fermentado u otros cereales, a los que se añade azúcar y shochu, un aguardiente japonés similar al sake. El mirin contiene hasta un 45% de azúcar y se utiliza sobre todo en dulces y para rematar platos; 3 cdtas. de mirin equivalen más o menos a 1 cdta. de azúcar.
Versión casera: en lugar de utilizar mirin, puedes sustituirlo en las recetas por sirope de arce al gusto, o preparar una salsa similar con sake o jerez: mezclar a partes iguales jerez seco o semiseco, o sake, con sirope de arce de color claro. El resultado se conserva varios meses en un envase bien cerrado en el frigorífico.

PANKO es la versión japonesa del pan rallado. Se obtiene a partir de un pan blanco sin corteza que se elabora expresamente para ello. Este pan no se hornea, sino que se «cuece» entre grandes placas de metal. Su textura es muy gruesa y suave, y los copos son bastante más grandes y ligeros que los del pan rallado que utilizamos aquí. El panko ya se encuentra en los supermercados bien surtidos.
Versión casera: utiliza simplemente pan rallado convencional o, mejor aún, ralla pan blanco sin corteza.

SAKE es difícilmente sustituible en la cocina japonesa gracias a sus aromas suaves pero complejos. En las tiendas asiáticas suelen tener vino de arroz japonés barato para cocinar, merece la pena preguntar por él. En las páginas 205 y 207 puedes leer más acerca del sake y del sake premium como acompañamiento para la comida japonesa. Para cocinar, en lugar de sake puedes utilizar jerez seco o semiseco, y otros vinos blancos secos o semisecos como el Silvaner o el Riesling Kabinett.

SALSA DE SOJA DULCE puede elaborarse en casa fácilmente: mezcla 4 cdas. de salsa de soja con 2 cdas. de agua y 1 cdta. de azúcar hasta que este último se disuelva. En lugar de azúcar, también puedes utilizar 1 cda. de sirope de arce. La proporción de agua y azúcar puede variarse al gusto.

SALSA PONZU es una salsa japonesa clásica de base cítrica con salsa de soja, alga kombu aromática o dashi concentrado.
Versión casera: para preparar una salsa básica sencilla en casa, exprime 100 ml de zumo de lima y limón a partes iguales (para un resultado más afrutado, sustituye estas frutas por zumo de mandarina recién exprimido), mézclalo con 100 ml de mirin y 150 ml de salsa de soja clara y suave, y caliéntalo todo (no lo hiervas). Si tienes alga kombu a mano, merece la pena infusionar un trozo limpio de unos 3 cm de largo durante 5 minutos. Después deja que se enfríe.
La salsa queda especialmente bien si los cítricos se exprimen el día anterior y se dejan reposar de un día para otro en la nevera. Así se suaviza la acidez y se acentúa el sabor característico (¡un viejo truco de barman!).

SALSA TERIYAKI obtiene su sabor inconfundible del ajo tostado y el jengibre fresco. La salsa insignia de la cocina japonesa es fácil de conseguir, aunque su sabor puede ser muy diverso y no siempre en sentido positivo.
Versión casera: receta en la p. 102.

SIROPE DE JENGIBRE puede encontrarse en tiendas sin mucho esfuerzo, pero también es posible prepararlo fácilmente en casa: llevar a ebullición 400 ml de agua con 50 ml de miel y 150 g de azúcar. Cortar 100 g de jengibre en láminas finas, añadirlas y cocer 10 minutos destapado. Pasar por un colador fino y dejar enfriar. Así se obtienen aproximadamente 250 ml de jarabe. Guardado en un frasco en el frigorífico aguanta varias semanas; aunque quizá no haga falta, porque el sirope no solo sirve para cocinar, sino que también está delicioso diluido (en una proporción aproximada de 1:3) con agua helada, cubitos de hielo, lima y menta.

VINAGRE DE ARROZ «SU», elaborado exclusivamente con arroz, es una especialidad japonesa cara y poco habitual. En Europa son más comunes los vinagres japoneses de cereales, «kokumotsu su», para cuya elaboración se mezclan y se fermentan otros cereales además del arroz, como el trigo y el maíz. Su acidez media es de un 2-4% y por lo tanto es más suave que los vinagres habituales en Europa, que suelen contener una acidez de hasta un 7%.
Versión casera: puedes usar simplemente vinagre de vino blanco mezclado en una proporción de 3:1 con zumo de manzana o mosto de uva blanco. Así obtendrás un vinagre suave y afrutado con el que sustituir el vinagre de arroz en las recetas.
La auténtica raíz de **WASABI** todavía no se ha extendido por Europa, ni siquiera es muy común en los buenos restaurantes japoneses del continente. El polvo verde para mezclar con agua y la pasta que se vende en tubos solo contienen trazas de wasabi auténtico.
El rábano picante tampoco es una alternativa real, así que solo nos queda recurrir a los tubitos verdes.

OPEN

Aperitivos, ensaladas y entrantes

EDAMAME DE TRES FORMAS

Las vainas de soja tiernas, preparadas al vapor o cocidas, cada vez son más populares en Europa y ya empiezan a encontrarse en la zona de congelados de los supermercados bien surtidos. Son fáciles y rápidas de preparar, y constituyen un tentempié saludable o aperitivo sano para compartir. Tradicionalmente las vainas se sirven templadas y sazonadas con escamas de sal para que los propios comensales las pelen. ¡Aquí te presento la receta básica y tres nuevas variantes deliciosas!

Para 4-6 personas

Receta básica de edamame

500 g de edamame (congelados)
sal marina fina o escamas de sal

Sumergir las vainas en una gran cazuela con abundante agua hirviendo, llevar de nuevo a ebullición y dejar cocer 4 minutos. Escurrir en un colador y enfriar con agua fría. Servir aún mojadas espolvoreadas con la sal.

Edamame con gomasio

Tostar el sésamo en una sartén sin aceite hasta que esté dorado y dejar enfriar. Cocer los edamame como se describe en la receta básica. Machacar más o menos ⅓ del sésamo en el mortero y mezclar con el resto de las semillas, incorporar la sal. Mezclar las vainas calientes y mojadas con la sal de sésamo.

Edamame con miso

Cocer los edamame como se describe en la receta básica. Mezclar la pasta de miso con dashi y agua hasta que quede cremoso. Rociar las vainas calientes y mojadas con la crema de miso. (Son una cochinada, pero están riquísimas. Ten servilletas a mano).

Edamame con guindilla

Cocer los edamame como se describe en la receta básica. Freír brevemente la mantequilla con la guindilla en una sartén. Saltear las vainas mojadas y aún calientes en la mantequilla y servir sazonadas con abundante sal.

Cómo degustar los edamame: En la mesa, las vainas se abren apretando un poco y los delicados granos se extraen directamente con la boca, donde se combinan con la sal. ¡Cuidado, son adictivas!

Edamame con gomasio

3 cdas. de semillas de sésamo blanco
500 g de edamame (congelados)
1-2 cdtas. de sal marina fina
o escamas de sal

Edamame con miso

500 g de edamame (congelados)
40 g de pasta miso clara
1 cda. de dashi
3-4 cdas. de agua tibia

Edamame con guindilla

500 g de edamame (congelados)
2 cdas. de mantequilla
1-3 pellizcos de guindilla en copos
1-2 cdtas. de sal marina fina o escamas de sal

TSUKEMONO
¡ENCURTIDOS VARIADOS A LA JAPONESA!

Viajando por Miyazaki, en la isla Kyushu, al sur de Japón, visitamos una fábrica de tsukemono. En las naves aireadas y revestidas de madera de Kimura Tsukemono Miyazaki Kyogyou, las verduras maduran en grandes tanques de hormigón bajo una capa de salvado de arroz para convertirse en un sabroso milagro: ¡nukazuke! Esta verdura fermentada mediante salvado pertenece a la extensa y apreciada familia de los tsukemono: en Japón, es normal servir verdura en conserva, marinada y fermentada prácticamente en todas las comidas.

El sabor de estos encurtidos japoneses no puede compararse con el de los nuestros; es único, a veces fresco y ácido, otras veces terroso o maravillosamente salado, y presenta un umami muy redondo que recuerda al miso. Todo ello conservando una textura crujiente que enseguida se vuelve adictiva.

Los tsukemono son un elemento esencial de las cajas de bento, se sirven como tentempié para acompañar el sake y la cerveza, y en las regiones del norte de Japón incluso con el té de la tarde. Originalmente, los tsukemono se crearon para conservar las verduras veraniegas, y muchas veces eran el único acompañamiento del bol de arroz. Hoy en día se aprecia especialmente su carácter saludable, ya que contienen muchas vitaminas y minerales. Estimulan el apetito y tienen efectos probióticos, de manera que fortalecen la flora intestinal y el sistema inmunológico. Hay muchas variedades (regionales) de tsukemono, elaboradas mediante distintas técnicas de conservación, como por ejemplo con vinagre de arroz y azúcar (amazuzuke, véase p. 24) o con salmuera (asazuke y shiozuke, véase p. 21), o incluso la fermentación en koji shio (kojizuke, véase p. 33) o la exquisita fermentación nukazuke (véase p. 28) en salvado de arroz.

La traducción literal de *tsukemono* es «bañar cosas en algo». Para ello existen recipientes especiales de plástico, feos pero prácticos, u ollas de fermentación de cerámica más grandes con pesos, pero que no funcionan bien para pequeñas cantidades. En casa yo utilizo recipientes metálicos que después tapo con platos y pesos (p. ej. latas); es perfecto para empezar. La elaboración varía según la técnica: hay recetas para asazuke rápidos, pero también las hay que requieren días o semanas de fermentación. A veces incluso meses, como me explicaron en la visita del recinto de Kimura Tsukemono Miyazaki Kyogyou.

Nukazuke es la reina de las conservas fermentadas de verduras: el nukadoko, que podría compararse con una masa madre, se alimenta constantemente y se conserva en un lugar oscuro y fresco, listo para utilizarse, a veces durante años (véase p. 27). En Japón hay nukadoko familiares que se heredan de generación en generación, y con ellos se transmite también el «sabor de la casa».

Un nukazuke muy popular es el takuan, rábano daikon seco y después encurtido. La cosecha tiene lugar desde finales de noviembre hasta mediados de febrero, y durante esa época se construyen por todas partes estructuras de 6 metros de altura y hasta 100 metros de largo en las que los rábanos se secan al suave viento invernal durante dos semanas, atentamente vigilados por los agricultores, que, cuando llueve, los tapan con lonas y a veces incluso utilizan calefactores.

Al final de mi visita a Kimura Tsukemono Miyazaki Kyogyou, me dieron a probar numerosas variedades de tsukemono. Entre ellas, tiras de rábano con pimienta negra, ¡un aperitivo vegetariano riquísimo! A veces es posible encontrar takuan y nukazuke en las tiendas asiáticas; si los ves, aprovecha, porque descubrirás sabores alucinantes. Si quieres conocer un poco el universo de los tsukemono, en las siguientes páginas encontrarás recetas de lo más variadas, desde asazuke para principiantes con prisas hasta nukazuke caseros (véase p. 27).

TSUKEMONO

No hay comida en Japón que no empiece con la tríada de sopa de miso, tsukemono y un pequeño bol de arroz; es un poco como el «pan con mantequilla» europeo.

Tsukemono - Asazuke (verdura fermentada con sal)

Importante antes de empezar: En el caso de las verduras con fermentación láctica en salmuera, o asazuke, la limpieza es esencial, el resto lo hace la naturaleza sin ningún esfuerzo. Los frascos, las juntas de goma y las tapas deben estar hervidos para esterilizarlos, secos y limpios. Después de colocar las capas, no vuelvas a meter las manos en el frasco, mejor usa un cucharón, un tenedor o unas pinzas.

Es importante que la verdura fermente lo más comprimida posible, y para ello puedes utilizar pesos, como por ejemplo una redecilla de canicas o bolsas llenas de agua. Si piensas encurtir verdura a menudo, puedes plantearte comprar una prensa para tsukemono o un recipiente de vidrio con peso de cristal para fermentar. En internet puedes ver cómo son.

Salmuera para rellenar

Para los distintos asazuke, al principio salo la verdura con sal de mesa no yodada durante 24 horas. La cantidad de sal debe equivaler a un 2% del peso total de la verdura (pelada).

El volumen de líquido que suelta la verdura puede variar, y al llenar los frascos puede completarse con una salmuera al 2%. Para ello disuelvo 20 g de sal de mesa no yodada en 1 l de agua hervida previamente. Después dejo enfriar la salmuera y la utilizo cuando es necesario.

Asazuke de rábano y jengibre

¡Mi asazuke preferido! El rábano encurtido es crujiente, maravillosamente fresco y ligero; el sutil toque de jengibre acentúa el frescor. Resulta especialmente delicioso como acompañamiento del sushi, pero también combinado con platos picantes y especiados.

800 g de rábano blanco
40 g de jengibre
sal

Lavar a fondo el rábano con agua caliente y retirar los pelitos. Después cortar en rodajas finas. Pelar el jengibre y cortar también en rodajas finas. Mezclar todo con 16 g de sal (2% del peso de la verdura) y dejar reposar 24 horas en un bol grande comprimido con un plato y pesos encima (p. ej. latas de conserva). Con guantes de usar y tirar, colocar la verdura en capas en un frasco de conserva grande y limpio, aplastar, y verter el jugo que ha soltado antes.
El líquido debería cubrir un dedo por encima de la verdura; si es necesario, rellenar con salmuera al 2%.

No cerrar la tapa, solo apoyarla encima. Dejar reposar a una temperatura entre 20-22 °C. Después de unos 2 días empezará a burbujear suavemente. Una vez al día, aplastar la verdura con un cucharón limpio para expulsar las bolsas de aire que se hayan formado. Se puede probar de vez en cuando, pero nunca con las manos, ¡siempre con palillos limpios o un tenedor! Al cabo de 8 días, mi rábano había fermentado con una delicada acidez. Cuando esté listo, cerrar el frasco con la junta de goma. El rábano se conserva así en la nevera durante semanas o meses, y cada vez estará mejor.

Asazuke de rábano negro

El rábano negro es redondo y, bajo su piel negra, oculta una carne más firme y también un poco más picante que la del jugoso rábano blanco. Su sabor recuerda al de los rabanitos, a la mostaza y al rábano picante. Cuando se fermenta en salmuera, conserva el mordisco, se vuelve aromático y adquiere una delicada acidez; un acompañamiento refrescante que combina bien con muchos platos japoneses.

1 rábano negro grande (700-800 g)
sal

Con un rábano redondo grande de 760 g obtuve 650 g después de pelarlo. Esta información es importante para determinar la cantidad correcta de sal, que en este caso también debería ser el 2 %, es decir, 13 g de sal (para esto son muy útiles las calculadoras de reglas de tres que hay en internet).

Lavar con agua caliente la esfera pelada, cortar en cuartos, y luego cortar en láminas. Mezclar las láminas con la cantidad de sal correspondiente y dejar reposar 24 horas en un bol grande comprimido con un plato y pesos encima (p. ej. latas de conserva). Después seguir las instrucciones de la receta para el rábano blanco (véase p. 21).

Información útil: ¿No se podría poner los frascos vacíos en una balanza, tararlos, llenarnos con la verdura recién cortada, cubrirla con agua y diluir en esta una cantidad de sal equivalente al 2-3 % del peso total? Se podría, pero no quedaría tan rico. La maceración en sal de un día para otro hace que la verdura más firme como el rábano, la remolacha o la col china se vuelva más sabrosa y suave. Luego, en el frasco con la salmuera, conservan la textura crujiente y no siguen ablandándose.

Rábano rojo rápido

400 g de rábano rojo
8 g de sal
1-2 cdas. de vinagre de arroz (2-4 % de acidez)

Quitar los hililIos al rábano y cortar en rodajas finas. Mezclar con la sal, dejar reposar 1 hora y añadir el vinagre. Comprimir como se describe arriba y dejar macerar 24 horas. Puede degustarse inmediatamente y se conserva 1-2 semanas en la nevera en un frasco con cierre hermético, siempre que las rodajas estén protegidas por la humedad.

Variante: rábano rojo rallado

Quitar los hilillos al rábano y rallarlo, después mezclarlo con la sal y el vinagre y dejar macerar tapado al menos 5 horas en la nevera. Servir escurrido como aderezo refrescante en muchos platos distintos.

Hakusai con sal y limón

1 kg de col china
sal
½ limón ecológico

Quitar el tronco de la col, lavar las hojas con agua templada y dejar escurrir. Aplastar un poco el tallo grueso de las hojas con un rodillo. Pesar la col, mezclar con un 3 % de sal y estrujar. Comprimir con un plato y pesos (p. ej. latas de conserva) y dejar macerar 24 horas.

Cortar el limón en rodajas finas y meter junto con las hojas de col y el líquido que ha soltado en un frasco grande con junta de goma en la tapa, aplastar y comprimir con pesos como se describe arriba. Después de unos 2 días empezará a burbujear suavemente.

Una vez al día, aplastar la verdura con un cucharón para expulsar las bolsas de aire que se hayan formado. Se puede probar de vez en cuando, pero nunca con las manos, siempre con palillos limpios o un tenedor. Al cabo de 4 días, mi col había fermentado con una delicada acidez. Cuando esté listo, cerrar el frasco con la junta de goma. La col se conserva así en la nevera durante semanas o meses, y cada vez estará mejor.

Variante

- Un poco de guindilla troceada o jengibre picado fino aportan distintos matices a la col durante la fermentación.

AMAZUZUKE
VERDURA ENCURTIDA AGRIDULCE

Los amazuzuke (véase foto en la p. 23) son encurtidos tsukemono especialmente rápidos. Yo ya he adoptado la receta más sencilla como una buena costumbre, y siempre tengo provisiones de esta verdura crujiente en la nevera, un aperitivo ligeramente salado, de acidez sutil y muy refrescante.

Amazuzuke relámpago

La elaboración es sencilla: picar la verdura elegida y salar generosamente, rociar con un chorrito de vinagre y mezclar bien; repetir este último paso un par de veces. La sal y el vinagre potencian el sabor natural del calabacín, el pepino, etc.; también ablandan y suavizan un poco la verdura sin que pierda apenas su textura crujiente. En la nevera, los tsukemono rápidos mejoran con el tiempo, y tapados aguantan tranquilamente 2 días.

A mí me gusta prepararlos por la noche y dejar macerar la verdura de un día para otro. Así quedan muy bien, por ejemplo, las rodajas de calabacín o zanahoria, los dados de pepino, los rabanitos en mitades, los bastones de colinabo, las láminas de hinojo o el rábano rallado.

Por fin, incluso yo he conseguido consumir la ración diaria de verdura fresca más bien utópica que recomiendan médicos y nutricionistas. Picoteo constantemente cuenquitos de mis provisiones frescas. Es mejor que cualquier *smoothie* porque hay que masticar, que es bueno para los dientes, estimula la digestión y evita que comamos demasiado porque la sensación de saciedad aparece antes.

Amazuzuke rápido de pepino

1 pepino de ensalada ecológico (o 2-3 pepinos pequeños ecológicos)
sal
azúcar
vinagre
opcional: ½ diente de ajo, pimienta negra recién molida, guindilla

Pelar el pepino de ensalada a rayas, cortar por la mitad a lo largo y retirar las semillas con una cucharilla (para los pepinos pequeños, simplemente cortar en rodajas gruesas). Después cortar en rodajas gruesas o dados. Sazonar con abundante sal y una pizca de azúcar y rociar con vinagre (a poder ser con vinagre de arroz, de vino blanco o vinagre de hierbas).

Ahora, si se desea, aderezar con ajo rallado y añadir un toque picante con la pimienta o la guindilla. Dejar macerar los pepinos en un recipiente tapado o una bolsa de congelación dentro de la nevera hasta consumirlos.

Al cabo de 2 horas ya están ricos, y a las 24 horas los pepinos tienen un intenso aroma y un frescor crujiente. Aguantan incluso 5 días, pero en ese caso hay que prescindir del ajo.

En un experimento a largo plazo comprobé que, después de 14 días en la nevera, los pepinos amazuzuke, al igual que las zanahorias de la receta siguiente, seguían estando deliciosos.

Amazuzuke rápido de zanahorias con jengibre

2-3 zanahorias
sal
miel
vinagre
15 g aprox. de jengibre fresco rallado

Pelar las zanahorias y cortar en diagonal en rodajas de 0,5-1 cm de grosor. Sazonar con abundante sal y 1 cdta. de miel, y rociar con vinagre (a poder ser con vinagre de arroz, de vino blanco o vinagre de hierbas). Incorporar jengibre fresco rallado al gusto. Dejar macerar en un recipiente tapado o una bolsa de congelación dentro de la nevera hasta consumirlos o incluso más tiempo (véase la nota de más arriba sobre el experimento a largo plazo).

Pepinillos gigantes

2-3 pepinos grandes ecológicos en conserva (800-900 g)
10 g de sal
100 ml de sake (o vino blanco)
200 ml de vinagre de vino blanco
100 g de azúcar
1 pizca de cúrcuma, de jengibre en polvo y de copos de guindilla

Cortar los pepinos en cuartos a lo largo, retirar las semillas y cortar en trozos de aproximadamente 1 cm de ancho. Mezclar con la sal y dejar reposar 2 horas.

Luego llevar a ebullición el sake con el vinagre de arroz, el azúcar y 300 ml de agua. Aderezar con la cúrcuma, el jengibre y la guindilla y dejar hervir a borbotones 4 minutos. Meter los pepinos macerados en sal en un frasco de conserva con junta de goma en el cierre, verter el líquido hirviendo, y cerrar el bote. Dejar macerar al menos 2 semanas. En la nevera, los pepinos aguantan semanas y cada vez estarán más ricos.

Zanahorias y rábano con anís

350 g de zanahorias
200 g de rábano blanco
sal
250 ml de vinagre de arroz (2-4 %)
60-80 g de azúcar
1 estrella de anís
guindilla roja al gusto, finamente picada

Pelar las zanahorias y el rábano y cortar a lo largo en cuartos o tercios, dependiendo del tamaño (véase foto en la p. 23); las zanahorias baby pueden quedarse enteras. Salar ligeramente la verdura y reservar.

Llevar a ebullición el vinagre de arroz con el azúcar y 10 g de sal, el anís estrellado y un poco de guindilla roja. Este líquido es una decocción universal para amazuzuke que puedes modificar añadiendo por ejemplo 20 g de jengibre fresco en rodajas, o una pizca de cúrcuma.

Echar la verdura salada en el líquido de cocción, llevar de nuevo a ebullición, y colocar en capas en un frasco de conserva limpio con junta de goma en el cierre. Cerrar el frasco y dejar enfriar. Dejar macerar al menos 2-3 semanas. Aguanta meses en la nevera.

Tomates cherry en conserva

100 g de azúcar
1 estrella de anís
peladura de ½ limón ecológico
1 hoja de laurel (fresca o seca)
sal
300 g de tomates cherry

Hervir en un cazo 250 ml de agua con el azúcar, el anís estrellado, la peladura de limón, el laurel y una pizca de sal, hasta que el azúcar se haya disuelto. Dejar enfriar por completo.

En otro cazo, llevar a ebullición agua abundante, y preparar un bol grande con agua helada. Sumergir los tomates en el agua hirviendo por tandas con una espumadera durante 20-30 segundos. En cuanto revienten, sacar y enfriar rápidamente en el agua helada. Pelar los tomates, meterlos en un frasco, y rociar con la decocción especiada ya enfriada. Cerrar y dejar macerar al menos 12 horas. Conservar en la nevera.

Consejo

No tires la decocción. Con un poco de aceite de oliva y mostaza picante, tendrás una maravillosa base para elaborar vinagretas.

Es una delicia mezclar los distintos tsukemono fermentados y especiados para servirlos a invitados (foto en las pp. 20 y 23). Su colorido es tentador y apetecible, pero, sobre todo, aportan variedad a cualquier aperitivo, con sabores, intensidad y consistencia inusuales. Unas gotitas de aceite vegetal de sabor neutro ayudan a que la verdura conserve el aspecto fresco y brillante durante más tiempo en la mesa.

NUKAZUKE - VERDURA FERMENTADA EN SALVADO DE ARROZ

Para este método tradicional de fermentación (véase también p. 28) primero hay que preparar una cama de salvado de arroz fermentado, el nukadoko. Con él se crea un sistema microbiótico que es tan sensible y requiere tantos cuidados como una masa madre. El primer obstáculo es conseguir el salvado, aunque ahora ya se puede comprar por internet.

Existe una alternativa un poco más sencilla y barata: los nukazuke también pueden elaborarse con salvado de trigo, que suele venderse en el supermercado ecológico o en internet. Para este libro he trabajado con ambos salvados y, mientras que el de trigo desarrolla aromas y sabores marcadamente intensos y amargos, el de arroz es más sutil y aporta un delicado dulzor.

Con los cuidados adecuados, al cabo de 8-10 días se obtiene una cama de olor agradable para empezar a fermentar verdura; el sabor único de estas elaboraciones compensa el esfuerzo. La verdura queda suave y al mismo tiempo fresca y crujiente. Pero el trabajo no acaba ahí: el nukadoko requiere una temperatura fresca constante, y hay que removerlo y airearlo a diario. También tiene apetito: le gusta que lo alimenten regularmente con verdura fresca, y enseguida se acumula mucha. Con el tiempo, la cama de salvado cada vez adquiere un sabor más intenso, pero también se va volviendo más húmeda. Y como al retirar la verdura fermentada también va «desapareciendo» algo de nuka, de vez en cuando hay que rellenarlo con más mezcla de salvado y sal en las proporciones adecuadas. Siempre necesita algo, y por eso hay que prestar atención a posibles cambios en el olor y la consistencia y actuar en consonancia.

El nukadoko también admite algún descanso: aguanta bien una semana en la nevera. Por lo visto incluso puede congelarse, pero no lo he probado; en verano, mis nukas desarrollaron extrañas notas alcohólicas, por lo que enseguida puse fin a mi experimento. Siento un gran respeto hacia las familias japonesas cuyos nukadokos tienen siglos de antigüedad y han recibido los cuidados constantes de muchas generaciones. La pequeña aventura de elaborar nukazuke en casa permite entrever por qué semejante hazaña merece la pena. Allá vamos.

Nukazuke

Tostar **1 kg de salvado de arroz** en el horno o en una sartén grande. Hay que evitar que se dore o que aparezcan aromas de ningún tipo, solo se trata de matar bacterias no deseadas. Yo detuve el tostado cuando el salvado estaba claramente caliente y empezaba a oler.

Cortar en daditos **30 g de pan ecológico de masa madre**, mezclar con **50 ml de cerveza ecológica sin filtrar** y dejar que empape bien. ¡Los ingredientes ecológicos y sin adulterar son la clave! Una vez enfriado, mezclar el salvado con **100 g de sal marina o de roca sin tratar** y **1 l de agua tibia** para formar una masa con una consistencia que recuerde a la arena. Cortar en rodajas **40 g de jengibre fresco**, cortar **1 guindilla pequeña** en cuatro a lo largo y retirar las semillas, y mezclar todo con **2 cdtas. de mostaza en polvo**. Trocear toscamente **4 setas shiitake secas** e incorporar a la masa de cerveza y pan. Mezclar recortes limpios de verdura ecológica (**apio, pieles de zanahoria, de manzana, hojas de puerro**... ¡pero no cebolla!) con la masa en un recipiente que pueda cerrarse bien (de loza o plástico) y aplastar un poco; la verdura no debería sobresalir. Dejar tapado en un lugar con temperatura estable (lo ideal son 18-20 °C).

A partir de este momento, manipular el nuka solo con guantes de cocina limpios. Al día siguiente, sacar los recortes de verdura, el jengibre y la guindilla, y sustituirlos por un puñado de verdura pequeña y troceada. Airear la mezcla removiendo bien el nuka. Repetir este proceso durante 7 días, retirar la verdura del día anterior e introducir verdura fresca (y posibles restos de verdura ecológica).

Durante esta fase surgen productos indeseados de la degradación, y por eso esta primera verdura no debería consumirse, sino tirarse al contenedor orgánico o al compost. Para limitar el gasto, yo utilicé en total **3 paquetes de verdura ecológica para sopas**. Cada vez que se cambia la verdura y se airea el nuka hay que alisar y aplastar la mezcla. No debe sobresalir nada, hay que limpiar los bordes del recipiente con esmero y cerrarlo bien.

Después de unos 7 días, la masa despedirá un aroma apetecible, las microbacterias buenas la habrán colonizado, y estarán deseando recibir la primera tanda de verdura ecológica fresca. Esta puede enterrarse separada por tipos o mezclada alegremente.

<u>Tiempos de fermentación para obtener nukazuke crujientes de las siguientes verduras</u>

6-8 horas
rábano blanco pelado y cortado en cuartos a lo largo
zanahorias baby peladas

4-6 horas
pepinos pequeños ecológicos enteros
espárragos verdes
colinabo (en rodajas o bastones) pelado

<u>Cómo servir</u>

Lavar la verdura a fondo con agua fría y servirla cortada en trozos de bocado como un aperitivo de tsukemono, o con salsa de soja y arroz caliente.

KOJI - EL HONGO QUE COCINA

Si el dashi es el alma de la cocina japonesa, el koji podría ser su corazón; sin este hongo no existirían la salsa de soja, el miso ni el sake. Este hongo ha hecho un largo viaje desde que alguien lo vio por primera vez en China en el año 165 a.C., según los textos de la época. Más de medio siglo después, hizo carrera en Japón y tuvo una influencia notable en el abanico de sabores de la cocina japonesa y en su cultura culinaria.

El koji le debe su nombre en latín, *Aspergillus oryzae*, a su descubridor científico: el botánico italiano Pier Antonio Micheli (1679-1737), al que se considera padre de la micología. La silueta de las esporas bajo el microscopio le recordaron al aspersorio que se utiliza en misa para esparcir agua bendita, el *aspergill*. El hogar original de las esporas de este hongo benigno es la paja de arroz. Se desarrolla bien en cereales al vapor como el arroz, la cebada o la soja cocida. Durante la fermentación y el reposo a temperatura controlada durante al menos 48 horas, se desarrolla un micelio esponjoso sobre el cereal, las hifas fibrosas. El koji obtenido de este modo sirve para iniciar procesos de fermentación y aporta aromas dulces y malteados, además de abundante umami, al miso, el vinagre de arroz, la salsa de soja, el amazake, el mirin y el sake.

EL «METABOLISMO» DE LA NATURALEZA

El koji también es de gran ayuda para cocinar rápido, extrae el agua, «cuece» e incluso madura enzimáticamente carnes y verduras, y al hacerlo crea aromas nuevos y complejos añadiendo un extra de sabor. Este hongo descompone las moléculas de prácticamente cualquier alimento que se le «presente», aprovecha y transforma hidratos de carbono, grasas y proteínas, y en este proceso surgen sabrosos productos de descomposición como glucosa y maltosa, aminoácidos libres (dulces y amargos), péptidos, ácidos grasos, azúcar y glutamina, que producen el efecto umami.

EL KOJI EN JAPÓN

Durante mi último viaje a Japón, visité a Masahiro Yamamoto, doctor en Ciencias Agrarias.

El doctor Yamamoto es el director del Gen-koji Research Institute de Kagoshima, un centro de investigación y una granja de koji ecológico al mismo tiempo. La información que nos dio es asombrosa: el koji no solo favorece la flora intestinal, sino que los últimos descubrimientos científicos también recomiendan su uso para tratar y aliviar la fiebre del heno. También ayuda a las células T del cuerpo, de manera que contribuye al sistema inmune, ¡y al crecimiento del cabello! Muchos de los caballeros allí presentes se mostraron especialmente interesados en el pudin de koji que nos sirvieron después. ¡Así que este hongo también es saludable!

KOME KOJI - UN MUNDO DE NUEVAS POSIBILIDADES EN CASA

En estas latitudes, el koji, además de ser una técnica de fermentación, también puede entenderse como una técnica de cocción como el vapor o el asado; en el momento de redacción de este libro, este concepto es tan novedoso que hasta ahora solo lo ha puesto en práctica la vanguardia culinaria de la nueva cocina nórdica y regional.

Por fin han aparecido también en Europa los primeros proveedores fiables de arroz cubierto por esporas de koji: ahora podemos pedir cómodamente por internet kome koji de primera calidad. En principio, el kome koji es indestructible, así que se pueden congelar reservas de arroz con esporas e ir sacando porciones a medida que se necesitan. Todo ello son buenas razones para presentar en este libro un par de recetas básicas e ideas para utilizarlo en casa: desde la verdura fermentada con koji hasta un caldo de koji, pasando por la mayonesa de koji y la mantequilla de shio koji. Un ámbito culinario muy amplio e interesante que, precisamente en la cocina vegetariana, abre la posibilidad de nuevos sabores y matices.

CUATRO IDEAS DE RECETAS CON KOJI

Las recetas básicas son adaptaciones parciales de *La guía de fermentación de Noma*, donde se profundiza en el tema y se explica al detalle cómo elaborar koji, miso y shoyu en casa. Estas recetas sencillas son entretenidas e invitan a experimentar.

Caldo de koji / koji dashi

75 g de arroz de kome koji
500 ml de agua hirviendo

Shio koji (marinada de koji y sal)

400 g de arroz de kome koji
20 g de sal marina
400 ml de agua

Mantequilla con shio koji

150 g de mantequilla en pomada
1 cda. de arroz shio koji

Caldo de koji / koji dashi

Disolver el komekoji en el agua hirviendo, bajar la temperatura y dejar hervir suavemente 10 minutos. Pasar por un colador fino y exprimir bien los restos sólidos.

Este sencillo caldo puede utilizarse como dashi. Al elaborar una sopa de miso o un ramen, por ejemplo, sustituye parte del agua por caldo de koji. También puedes usarlo para escaldar verdura aportando sabor.

Shio koji (marinada de koji y sal)

Triturar todos los ingredientes en una batidora hasta obtener una pasta cremosa con trocitos.

Este aderezo sirve como marinada para verduras (véase abajo), pescado y carne, y también puede ser un aromático sustituto de la sal en caldos, sopas y arroces. Aguanta varias semanas en un frasco cerrado en la nevera.

Shio koji / kojizuke

El shio koji también puede utilizarse como cama de nukazuke (véase p. 28) para marinar verdura; si se embadurna con una capa gruesa de la mezcla, en cuestión de minutos la verdura adquiere un sabor rico y salado, se ablanda y se aligera. Luego, limpiar a conciencia la marinada de shio koji y servir la verdura lavada como picoteo, acompañada de jengibre encurtido y wasabi. También puede saltearse en aceite y mantequilla y servirse con arroz (véase foto de la página opuesta).

Tiempos de marinado para las distintas verduras:

Rodajas o bastones de colinabo:	8-10 minutos
Setas shiitake (limpiar y luego saltear):	10 minutos
Minipepinos (enteros):	15 minutos
Floretes de brócoli (limpiar y luego saltear):	25 minutos
Zanahorias baby (peladas):	30-35 minutos
Berenjena china (limpiar y después saltear en rodajas):	40 minutos
Rábano blanco (pelado y entero):	60 minutos

Mantequilla con shio koji

Mezclar la mantequilla en pomada con el shio koji. Esta mantequilla es perfecta para acompañar mazorcas de maíz (véase p. 172) o verdura a la brasa. También puedes preparar de sobra, envolverla en papel de hornear como si fuera un caramelo largo, y congelarla.

MÁS ALLÁ DE LA ACIDEZ - VINAGRE DE ARROZ (KOMEZU)

VISITA A LA REGIÓN DEL VINAGRE

Las ánforas de cerámica negra, apiñadas en hileras dobles, se extienden hasta el horizonte bajo el intenso sol de la región de Fukuyama, en Kagoshima. Hombres vestidos con monos azul claro recorren los campos de vinagre, levantan las tapas y las gasas de las ánforas remueven cuidadosamente la mezcla inicial del vinagre con una vara de bambú, o la prueban concentrados. Un asentimiento breve y a por el siguiente. Nos encontramos en los campos de vinagre de Sakamoto Kurozu, que también es productor del raro «vinagre negro» que madura aquí. En este lugar son especialistas en el arte de la fermentación del vinagre desde 1800, algo que también se debe a las condiciones de la zona: aquí crece un arroz magnífico, porque el agua de manantial es de una calidad y claridad excelentes, y el clima óptimo del sur permite que el arroz fermente en calma y armonía. Además, en las paredes interiores de las ánforas se han asentado microorganismos que también son imprescindibles para el proceso de fermentación y para el sabor que adquiere el vinagre.

SIN CAMBIOS DESDE EL PERIODO EDO

La receta familiar no ha cambiado: dejar madurar y fermentar arroz cocinado al vapor inoculado con *Aspergillus oryzae* (véase Koji en p. 31), agua y una capa de koji en la superficie entre uno y tres años para obtener vinagre de primera calidad. De vez en cuando, los maestros vinagreros de la familia Sakamoto remueven con cuidado y «escuchan» la mezcla. Su vinagre Ma-Kurozu es oscuro y redondo, un deleite de sabores complejos, algo único. Desde 1975, el vinagre de Akiko Sakamoto lleva el nombre de «kurozu»; se trata de un vinagre de arroz de color ámbar elaborado artesanalmente.

La fermentación propiamente dicha de cada nueva cosecha tiene lugar entre abril y junio, y entre septiembre y octubre. Al principio, el koji transforma el almidón del arroz al vapor en glucosa; a la sacarificación le sigue la fermentación alcohólica, que dura 1-2 meses. La activación de las acetobacterias transforma el alcohol resultante en ácido acético; esta última etapa de la fermentación no finaliza hasta medio año después. Entonces comienza la fase de reposo y maduración, entre 1,5-2 años, para obtener un vinagre especialmente complejo y sabroso, pero suave.
Al cabo de un año tendremos un vinagre fresco, claro y de un profundo color amarillo; a los dos, el vinagre es de color ámbar e intenso; al cabo de tres, adquiere un profundo color marrón y el sabor es redondo: este es el «vinagre negro».

EL VINAGRE DE ARROZ EN LA COCINA JAPONESA

Este vinagre es tan preciado como el balsámico más exquisito, y solo debería utilizarse para acentuar los sabores. Nuestros anfitriones nos obsequiaron con una refrescante bebida de miel, agua y vinagre kurozu, y también un delicioso zumo de manzana con kurozu. En la posterior comida de mediodía, el vinagre sublimó todos los platos como un valioso perfume.

Una vez abierto, el vinagre de arroz debe conservarse en un lugar fresco y oscuro, y es muy duradero, aunque los aromas más sutiles se disipan con el tiempo. Lo que sigue es un resumen de los vinagres más habituales en Japón:

Genmaizu: elaborado a partir de arroz pardo sin pulir, este vinagre tiene un sabor intenso.

Kasuzu: un vinagre aromático obtenido a partir de los restos de arroz de la producción de sake.

Kurozu: véase arriba.

Sushizu: un vinagre de arroz aderezado con sal y azúcar para sazonar el arroz de sushi o para salsas. El sushizu también puede prepararse en casa: 4 cdas. de vinagre de arroz, 2 cdas. de azúcar, ½ cdta. de sal.

A la hora de comprarlos, merece la pena leer la etiqueta para saber el grado de acidez del vinagre, si está diluido o si lleva azúcares añadidos.

ENSALADA WAFU

En esta magnífica ensalada, la estrella es el wafu, un aderezo japonés universal. El secreto son los daditos de chalota cocidos en salsa de soja, porque aportan profundidad de sabor. Además, el aliño wafu se puede tunear de muchas maneras. Este colorido y crujiente bol de ensalada solo pretende ser una propuesta.

Para 4 personas
Tiempo de elaboración: 20 minutos

Para la vinagreta

1 chalota
sal
4 cdas. de aceite vegetal
2 cdas. de mirin
2 cdas. de salsa de soja
2 cdas. de vinagre de arroz
4 cdas. de dashi

Para la ensalada

1 manojo pequeño de rabanitos
sal
150-200 g de lechuga variada (en la foto: mizuna y diente de león)
tsukemono de verdura al gusto (en la foto: zanahorias nukazuke (véase p. 28), pepinos amazuzuke rápidos (véase p. 24) y asazuke de rábano (véase p. 21)
4 huevos a la soja ajitsuke tamago (véase p. 118)

Vinagreta

Pelar y picar en daditos las chalotas, salar. Calentar 2 cdas. de aceite en un cazo pequeño y rehogar los daditos de chalota a fuego suave hasta que se doren. Desglasar con mirin y salsa de soja y verter inmediatamente a un cuenco metálico. Añadir vinagre, dashi y el resto del aceite y mezclar para obtener una vinagreta.

Ensalada

Limpiar los rabanitos, cortar por la mitad, salar y reservar. Limpiar la lechuga, secar y escurrir con un centrifugador. Disponer en boles acompañado de tsukemono al gusto y mitades de ajitsuke tamago, y servir rociado con el aliño wafu.

Variantes

- Wafu cremoso: triturar la vinagreta y mezclar con mayonesa (Kewpie).
- Wafu de jengibre: añadir jengibre fresco rallado al gusto. También queda bien con una pizca de jengibre en polvo.
- Wafu de wasabi: añadir wasabi al gusto, ya sea fresco, en pasta o en polvo.
- Wafu de sésamo: añadir sésamo tostado y 1-2 gotas de aceite de sésamo.
- Wafu de algas: mezclar 1-2 pizcas de aonori (copos de algas).
- Wafu de yuzu: sustituir el vinagre de arroz por 1-2 cdas. de zumo de yuzu o 1 cda. de zumo de limón más 1 cda. de zumo de mandarina.

Consejo

Lo ideal es preparar el aliño wafu la víspera y dejar que repose en la nevera. También es buena idea preparar el doble o el triple, llevar todo a una breve ebullición y, una vez enfriado, conservar en un frasco cerrado en la nevera. Así aguanta varias semanas y siempre tendrás aliño wafu disponible.

HIJIKI NO NIMONO

Esta ensalada de alga hijiki rehogada es muy apreciada en Japón, y se sirve en las celebraciones familiares como aperitivo o entrante, como acompañamiento para el arroz o como tapa en los bares izakaya. Normalmente se sirve templada, es jugosa y sabrosa, y los trocitos de hijiki, que tienen un maravilloso toque a frutos secos, aquí van acompañados de tofu frito, brillantes zanahorias y edamame.

Aperitivo para 4-6 personas
Tiempo de elaboración: 30 minutos
(más 30 minutos de hidratación)

30 g de hijiki*
1 zanahoria gruesa
sal
100 g de vainas de edamame (congeladas), descongeladas
50 g de tofu frito**
200 ml de dashi
2 cdas. de salsa de soja
2 cdas. de mirin
1 cdta. de azúcar
aceite vegetal

Hidratar la hijiki en abundante agua tibia durante 30 minutos. Mientras, pelar la zanahoria, cortarla en láminas a lo largo y luego en finos bastoncillos. Poner la zanahoria en un colador, escaldar 2 minutos en agua salada hirviendo, sacar y enfriar enseguida en agua helada, después escurrir. Echar los edamame al agua hirviendo y cocer 3-4 minutos. Enfriar las vainas en agua fría y extraer los granos.

Cortar el tofu en tiras finas. Pasar la hijiki del agua a un colador, lavar con agua fría, enjuagar y dejar escurrir. Preparar una salsa con el dashi, la salsa de soja, el mirin y el azúcar.

Calentar un poco de aceite en un cazo y dorar brevemente el tofu. Añadir la hijiki y sofreír todo junto 2-3 minutos, luego incorporar la salsa. Cocinar tapado 15 minutos a fuego lento, después destapar y seguir cociendo suavemente hasta que el líquido casi se haya evaporado. Poner la ensalada en un bol, incorporar la zanahoria y los granos de edamame, y dejar enfriar un poco. Servir templado o frío.

Variantes

- **En los supermercados ecológicos o las tiendas asiáticas venden tofu frito. Estos daditos prefritos tienen un sabor muy característico y una consistencia porosa; también puedes sustituirlos por el tofu para freír que prefieras, o por seitán.
- En verano, esta ensalada también está deliciosa con guisantes frescos locales, que pueden prepararse del mismo modo que los edamame, aunque necesitarás 200 g de guisantes en vaina.

Más datos: La hijiki* es un alga muy nutritiva que crece en fondos rocosos planos cerca de la orilla. Es rica en hidratos de carbono, vitaminas y minerales. Se vende seca, y al hidratarse, su volumen se multiplica por ocho.

HIYASHI CHUKA (ENSALADA DE RAMEN) CON ALIÑO DE SÉSAMO

Esta saciante ensalada japonesa de fideos, propia del verano, siempre es un acierto cuando hace demasiado calor para sopas de fideos ramen. Permite combinar fideos y verduras al gusto. El aliño de pasta de sésamo y miso cohesiona el plato y aporta sabor con textura cremosa; ¡un conjunto fabulosamente intenso!

Para 4 personas
Tiempo de elaboración: 30 minutos

Para el aliño de sésamo

- 1 cda. generosa de tahini (pasta de sésamo)
- 1 cdta. de pasta de miso clara
- 50-80 ml de dashi (o caldo de verduras)
- zumo de ½ limón
- opcional: una pizca de guindilla (p. ej. Piment D'Espelette)

Para los fideos

- 200 g de fideos ramen (o espaguetis)
- sal
- zumo de ½ limón
- 1 cda. de mirin
- 2 cdas. de aceite vegetal
- 1 gota de aceite de sésamo
- 1 cebolleta fina

Para la ensalada

- ½ pepino de ensalada ecológico
- 1 trozo de rábano (10 cm)
- 1 zanahoria
- sal
- 2-3 tomates medianos
- 50 g de tirabeques
- 150-200 g de seitán (o tofu para freír)
- 2 cdas. de aceite vegetal
- 1 pellizco de guindilla en copos
- 1 bandeja de brotes de daikon

Aliño de sésamo

Mezclar el tahini y el miso con el dashi y el zumo de limón, y la guindilla si se desea, para obtener un aliño cremoso.

Fideos

Cocer los fideos en agua salada siguiendo las indicaciones del paquete, colar y cortar la cocción con agua helada. Dejar escurrir en un colador. Preparar una vinagreta con el zumo de limón, el mirin y los dos aceites. Limpiar la cebolleta fina, cortar en aritos, pasar por agua fría, dejar escurrir e incorporar a la vinagreta. Mezclar todo con los fideos.

Ensalada

Cortar los pepinos por la mitad a lo largo, retirar las semillas, cortar en tres trozos y después en tiras. Pelar el rábano y la zanahoria, cortar en rodajas finas a lo largo y después en tiras. Salar la verdura por separado y reservar. Cortar los tomates en rodajas y salar.

Cortar los tirabeques en tiras, cocer 1-2 minutos en agua salada, colar y cortar la cocción con agua fría. Cortar el seitán en tiras y saltear en una sartén con aceite caliente junto con la guindilla en copos.

Disponer de forma vistosa la verdura y los fideos en un plato o un bol, y extender los brotes de daikon por encima del rábano. Servir con el aliño de sésamo.

Consejo

Lo ideal es preparar el aliño wafu la víspera y dejar que repose en la nevera para que el sabor mejore.

ENSALADA DE TOMATE Y SHISO CON VINAGRETA DE WASABI

Tomates cherry dulces y maduros combinados con el amargor de las hojas de shiso, aliñados con una vinagreta de chalota aderezada con wasabi: ¡un placer extraordinario!

Aperitivo para 4-6 personas
Tiempo de elaboración: 20 minutos

300 g de tomates cherry
sal
1 chalota
4 cdas. de vinagre de arroz
2 cdas. de dashi
1 cdta. de miel
4 cdas. de aceite de girasol
1-2 pizcas de pasta de wasabi
1 bandeja de hojas de shiso

Lavar los tomates cherry, cortar por la mitad y salar. Disponer unos junto a otros con el corte hacia arriba en una fuente o varios platos.

Pelar y picar en daditos las chalotas, salar. Preparar una vinagreta con el vinagre, el dashi, la miel y el aceite. Probar el punto de sal y añadir picante con wasabi al gusto. Incorporar la chalota y rociar los tomates con la vinagreta.

Servir con las hojas de shiso repartidas por encima.

Variantes

- Las hojas púrpura de shiso (*perilla*) tienen un sabor amargo y aromático, con notas de anís y canela; una combinación perfecta para el tomate. El sabor de las hojas verdes de shiso recuerda más bien a la menta y es ligeramente cítrico, mientras que las hojas de daikon aportan un ligero toque como a rábano picante. Estos dos tipos también quedan bien.
- Dashi de tomate: en lugar de utilizar dashi normal, se puede llevar a ebullición 2 tomates secos con 50 ml de agua, dejar enfriar y pasar el líquido por un colador fino; este dashi de tomate aporta mucho umami y es una base ideal para la vinagreta.

ENSALADA VERDE «GOMAE» CON VINAGRETA DE SÉSAMO

La versátil vinagreta de sésamo «gomae» nos permite comer verdura con un intenso sabor. Gomae también es el nombre que recibe un clásico japonés: espinacas cocidas servidas precisamente con esta vinagreta. ¡Un auténtico descubrimiento entre las ensaladas templadas de verdura!

Para 4 personas
Tiempo de elaboración: 35 minutos (más 1 hora para salar el brócoli fino y los espárragos)

Para la vinagreta de sésamo

- 3 cdas. de vinagre de arroz
- 2 cdas. de dashi
- 1 cda. de salsa de soja
- 1 cdta. de mirin
- 2 cdas. de aceite vegetal
- 1 gota de aceite de sésamo
- 3 cdas. de semillas de sésamo blanco

Para la ensalada de verdura

- 200 g de brócoli fino (también brócoli silvestre o italiano, o bimi)
- 250 g de espárragos verdes (de tallos más bien delgados)
- sal
- 1 pepino pequeño ecológico (o ½ pepino de ensalada ecológico)
- 50 g de espinacas baby
- 300 g de guisantes en vaina (o 100 g de guisantes congelados, descongelados)
- 4 cdas. de aceite vegetal
- opcional: 4 ajitsuke tamago (huevos a la soja, véase p. 118)

Vinagreta de sésamo

Preparar una vinagreta con el vinagre de arroz, el dashi, la salsa de soja, el mirin y los dos aceites. Tostar el sésamo en una sartén sin aceite hasta que esté dorado e incorporarlo a la vinagreta cuando aún está caliente. Reservar.

Ensalada de verduras

Pelar los tallos del brócoli fino y después cortarlos por la mitad a lo largo. Pelar el tercio inferior de los espárragos. Salar bien la verdura y dejar reposar 1 hora; así se desarrollará el sabor, la verdura se volverá más «jugosa» y blanda, y después se salteará mejor.

Pelar el pepino a rayas y cortar en rodajas gruesas. Salar y reservar. Limpiar las espinacas baby y secar con un escurridor de lechuga. Desvainar los guisantes y cocer en agua salada 4 minutos. Enfriar con agua fría.

Antes de servir, saltear el brócoli fino y los espárragos en una sartén antiadherente grande con aceite caliente 6-8 minutos a fuego medio; no dejar que cojan mucho color, voltear de vez en cuando. Escurrir en papel de cocina.

Disponer la verdura de forma vistosa en un plato, con mitades de huevos ajitsuke si se desea. Servir rociado con la vinagreta de sésamo.

ENSALADA «YUZU» DE FIDEOS RAMEN CON SEITÁN Y SHIITAKE SALTEADOS

Originalmente se trata de una ensalada con pollo y piel de pollo tostada, pero en su versión vegetariana no se echa nada en falta: fideos bañados en una vinagreta cítrica con espárragos verdes, crujiente pepino, sabrosas setas shiitake y seitán salteado, todo acompañado de un aliño de yuzu cítrico y cremoso, ¡una delicia!

Para 4 personas
Tiempo de elaboración: 30 minutos

Para el aliño de yuzu

2 cdas. de zumo de yuzu*
1 cda. de mirin
1 cda. de dashi
80 g de mayonesa (Kewpie)
1 cdta. de pasta de miso clara (a poder ser shiro miso)

Vinagreta de yuzu y ramen

150 g de fideos ramen
sal
2-3 cdtas. de zumo de yuzu*
1 cda. de dashi
1 cdta. de mirin
1 cda. de aceite vegetal

Para la ensalada

500 g de espárragos trigueros
sal
½ pepino de ensalada ecológico
200 g de setas shiitake
150 g de seitán
5 cdas. de aceite vegetal
2 cdas. de salsa de soja
2 cdas. de mirin

Aliño de yuzu

Mezclar todos los ingredientes.

Vinagreta de yuzu y ramen

Cocer los fideos en agua salada siguiendo las indicaciones del paquete, colar y cortar la cocción con agua helada. Dejar escurrir en un colador. Preparar una vinagreta con el zumo de yuzu, el dashi, el mirin y el aceite, y mezclar con los fideos. Reservar.

Ensalada

Pelar el tercio inferior de los espárragos, cortar en diagonal en trozos de 3-4 cm y salar bien. Cortar el pepino en cuartos a lo largo y retirar las semillas, luego cortar los cuartos en tiras y finalmente en trocitos en diagonal. Salar y reservar. Retirar el pie de las setas shiitake, cortar los sombreros en tiras y salar. Cortar el seitán en trozos de bocado.

Calentar 2 cdas. de aceite en una sartén o un wok, saltear los espárragos 3-4 minutos y pasar a un plato. Calentar otras 3 cdas. de aceite en la sartén y dorar las setas shiitake y el seitán. Desglasar con salsa de soja y mirin, menear todo una vez y pasar rápidamente a un plato.

Disponer los fideos con el pepino, los espárragos y la mezcla de seitán y setas en platos o boles. Servir rociado con el aliño de yuzu.

Consejo

Si no puedes conseguir zumo de yuzu, utiliza simplemente zumo de limón, o sustitúyelo por zumo recién exprimido de lima, limón y mandarina mezclado a partes iguales para obtener el típico sabor cítrico y redondo del yuzu.

Más datos: El yuzu* es el cítrico preferido en la gastronomía japonesa. Estas frutas de más de 100 g de peso tienen una piel gruesa, y su aroma único recuerda a una mezcla entre la mandarina y el limón. Encontrarás el aromático zumo de yuzu en tiendas asiáticas con un buen surtido o en internet (también en forma de puré de yuzu).

ZARU-SOBA CON TSUYU

Este clásico es uno de los platos icónicos de la cocina japonesa: los fideos soba (de trigo sarraceno) fríos se sirven sobre todo en cálidos días de verano, acompañados de salsa tsuyu para mojar. Esta salsa universal es muy versátil, se prepara con pocos ingredientes y aguanta varias semanas en la nevera.

Para aprox. 250 ml
Tiempo de elaboración: 10 minutos (más tiempo de enfriamiento de la salsa)

Salsa tsuyu

- 50 ml de sake
- 100 ml de salsa de soja
- 100 ml de mirin
- 100 ml de dashi

Para 4 personas
Tiempo de elaboración: 15 minutos

Zaru soba con tsuyu

- 2 cdas. de semillas de sésamo (mezclado o blanco)
- sal
- 1 lámina de alga nori
- 1 cebolleta fina
- 50-80 g de fideos soba por persona
- wasabi
- salsa tsuyu preferida (véase arriba)

Para aprox. 250 ml

Tsuyu de mandarina

- 50 ml de sake
- 100 ml de salsa de soja
- 100 ml de mirin
- 1 bolsita de dashi instantáneo (6 g)
- 1 mandarina

Salsa tsuyu

Llevar el sake a ebullición en un cazo. Añadir la salsa de soja, el mirin y el dashi y hervir suavemente y sin tapar 5 minutos. Dejar enfriar y conservar en un frasco cerrado en la nevera.

Zaru soba con tsuyu

Tostar el sésamo en una sartén sin aceite hasta que esté dorado y salar ligeramente. Cortar la lámina de alga nori en tiras delgadas con tijeras. Limpiar la cebolleta fina, cortar en aritos, pasar por agua fría y dejar escurrir. Entretanto, cocer los fideos en abundante agua salada siguiendo las indicaciones del paquete, colar y cortar la cocción (en agua helada a poder ser). Escurrir los fideos en un colador y servir directamente con sésamo, tiras de alga nori, cebolleta fina y wasabi. Acompañar con la salsa tsuyu.

Variante con un toque afrutado: tsuyu de mandarina

Llevar el sake a ebullición en un cazo. Añadir la salsa de soja, el mirin y el dashi en polvo y hervir suavemente y sin tapar 3 minutos. Incorporar el zumo de una mandarina y llevar de nuevo a ebullición. Dejar enfriar y conservar en un frasco cerrado en la nevera.

Consejo

Las dos salsas son muy intensas y cunden mucho; se puede ajustar la concentración añadiendo un poco de agua dependiendo de para qué vayan a usarse.

GYOZA CON SHIITAKE Y SALSA

Las gyoza de shiitake y puerro son especialmente sabrosas y jugosas, y se sirven con la clásica salsa picante y ácida.

Para 16 gyoza (2-4 personas)
Tiempo de elaboración: 40 minutos

Para las gyoza

16 obleas para gyoza (congeladas) (ver consejo)
150 g de setas shiitake
100 g de puerro
6 cdas. de aceite vegetal
sal
120 g de tofu firme (natural)
1 huevo
15 g de jengibre fresco
1 diente de ajo pequeño

Para la salsa

½ mandarina (o naranja de zumo)
4 cdas. de salsa de soja
2 cdas. de dashi
1 cda. de vinagre de arroz
½-1 cdta. de pasta de guindilla (véase p. 103) o aceite picante (véase p. 103)

Gyoza

Descongelar y separar poco a poco 16 obleas para gyoza. Retirar el pie de las setas shiitake y picar los sombreros en daditos. Cortar los puerros por la mitad a lo largo, luego cortar en tiras y finalmente picar fino. Calentar 2 cdas. de aceite en una sartén, dorar las setas, añadir el puerro y seguir salteando todo 3 minutos. Salar ligeramente, pasar a un plato y enfriar a continuación en el congelador.

Batir el tofu con el huevo con la batidora y verter en un cuenco. Pelar el jengibre y el ajo, rallar e incorporar; salar ligeramente el relleno. Añadir la verdura enfriada.

Humedecer ligeramente un lado de las obleas con un pincel mojado en agua, repartir el relleno, cerrar la oblea por encima haciendo pequeños pliegues en el borde y apretar para sellar. Dejar las gyoza preparadas sobre papel de hornear.

Salsa para gyoza

Exprimir la mitad de la mandarina y pasar por un colador fino, después mezclar con la salsa de soja, el dashi, el vinagre y guindilla al gusto.

Calentar las 4 cdas. restantes de aceite en una sartén antiadherente con tapa (de cristal), meter las gyoza y dorar por un lado a fuego medio. Añadir un dedo de agua y tapar. Cocer las gyoza unos 8 minutos hasta que el líquido casi haya desaparecido, destapar y dejar que el resto del agua se evapore hasta que se vuelva a oír cómo se hacen a la plancha. Servir con la salsa.

Consejo

Encontrarás obleas para **gyoza** congeladas en las tiendas asiáticas y en los supermercados bien surtidos (aproximadamente 200 g, unas 30 obleas). Las obleas pueden separarse una vez descongeladas, el resto puede volver a congelarse. Si no das con ellas, puedes prepararlas en casa: mezclar **250 g de harina** con **150 ml de agua templada** y **1 cdta. de aceite vegetal**, salar ligeramente y trabajar hasta formar una masa homogénea. Envolver en papel film y dejar reposar 30 minutos en el frigorífico. Luego aplanar la masa con la máquina para hacer pasta hasta obtener una lámina muy fina. Cortar círculos con un cortador redondo de 9 cm y después continuar con la receta.

FUROFUKI DAIKON - RÁBANO DAIKON COCIDO CON SALSA DE MISO

El rábano cocido es un plato muy acorde con la filosofía de la cocina japonesa: en realidad es muy sencillo, porque un sabor pleno se basa en buenos ingredientes y unos pocos detalles importantes. Tradicionalmente, el furofuki de rábano acostumbra a servirse con sake fresco.

Para 4 raciones
Tiempo de elaboración: 35 minutos

400 g de rábano blanco (daikon)
agua de arroz*
1 tira de alga kombu (aprox. 10 cm)
60 g de pasta de miso (puede variar, en la foto: genmai miso)
3 cdas. de sake
1 cda. de mirin
50 ml de dashi
2 yemas de huevo
1 bandeja de hojas de daikon

Pelar el rábano y cortar en cuatro trozos iguales, de unos 3,5 cm de altura. Redondear los cantos como se ve en la foto (armonía y placer para la vista).

Calentar despacio dos dedos de agua de arroz con la tira de alga kombu, llevar brevemente a ebullición. Retirar el alga, meter el rábano y cocer tapado a fuego suave 20-25 minutos.

Mientras tanto, mezclar el miso, el sake, el mirin y el dashi con las yemas de huevo en un cuenco de metal y montar con las varillas de la batidora sobre un baño maría.

Sacar los trozos de rábano, escurrir y secar con toquecitos. Disponer en platos y rociar con un poco de salsa de miso. Servir inmediatamente con unas pocas hojas de daikon por encima.

Variante

- Este rábano también queda fantástico si se cuece en caldo de koji (véase p. 33).

Más datos: Tradicionalmente, en Japón el furofuki daikon se cuece en agua de arroz,* que es la que se obtiene después del primer lavado del cereal. También puede usarse agua de cocción del arroz, rica en almidón, o llenar un tercio de un infusor de té con arroz y hervirlo.

CREMA DE GUISANTES Y WASABI

Esta sedosa crema de guisantes es toda una sorpresa, porque su cremosidad recuerda a la nata, pero en realidad es el tofu sedoso lo que le da esa textura tan agradable. El wasabi aporta además ese toque picante y sabroso. ¡Perfecta para invitados!

Para 4-6 personas (aprox. 800 ml)
Tiempo de elaboración: 30 minutos

- 750 g de guisantes en vaina (o 200 g de guisantes congelados, descongelados)
- 2 cebolletas finas
- sal
- 2 cdas. de aceite vegetal
- 250 ml de dashi
- 20 g de jengibre fresco
- 300 g de tofu sedoso
- 1-3 pizcas de pasta de wasabi (al gusto)
- ½ cdta. de ralladura de limón ecológico
- 1 cda. de zumo de limón
- 1 bandeja de hojas de shiso
- opcional: tomates cherry en conserva (véase p. 25)

Desvainar los guisantes, se obtienen unos 200 g. Limpiar las cebolletas, cortar en aros finos, salar y rehogar en una cazuela con aceite hasta que estén traslúcidas. Añadir los guisantes, cubrir con dashi, tapar y hervir suavemente 4 minutos.

Pelar el jengibre y rallar fino, añadir a los guisantes junto con el tofu, y cocer 2 minutos más. Triturar todo por tandas en la batidora de vaso. Añadir un toque sutil de picante con wasabi, aderezar con ralladura y zumo de limón, y probar el punto de sal.

Calentar antes de servir y crear un poco de espuma con la batidora de mano. Servir con las hojas de shiso repartidas por encima; los tomates cherry en conserva son opcionales, pero van muy bien con este plato, y no solo por el colorido.

Variante

- Esta sopa también queda deliciosa todo el año con 200 g de granos de soja verde (que pueden obtenerse de unos 700 g de vainas de edamame congeladas, cocidas y peladas).

ESPÁRRAGOS CON KAKI NO TANE Y TEMPURA DE NORI CON MAYONESA DE WASABI

Un tentempié elegante: las kaki no tane son unas de las galletitas de arroz más populares de Japón. En esta receta se usan desmenuzadas a modo de rebozado crujiente para los espárragos verdes, y la masa de tempura que lo aglutina también se utiliza para la tempura de alga nori y sésamo. Todo ello con una mayonesa picante de wasabi para untar. Queda muy bien si se acompaña de sake enfriado.

Aperitivo para 4 personas
Tiempo de elaboración: 45 minutos

Para la masa de tempura (densa)

- 80 g de harina
- 1 puntita de cuchara de levadura química
- 100 ml de agua fría
- 1 huevo
- 25 ml de sake (o 25 ml más de agua fría)
- sal

Para la mayonesa de wasabi

- 100 g de mayonesa (Kewpie)
- ½ -1 cdta. de wasabi (de tubo o recién rallado)
- 1 cdta. de vinagre de arroz
- 1 pizca de sal

Espárragos con kaki no tane

- 12 espárragos verdes
- sal
- 150 g de kaki no tane (galletitas de arroz, véase arriba)
- 2 cdas. de harina
- aceite para freír

Tempura de nori

- 1 cdta. de semillas de sésamo blanco
- 2 láminas de alga nori

Masa de tempura (densa)

Mezclar la harina y la levadura química, luego tamizar. Mezclar de forma homogénea el agua, el huevo y el sake, pasar todo por un colador para incorporarlo a la harina, y batir rápidamente con unas varillas para obtener una masa cremosa. Salar ligeramente. Echar la masa en un recipiente alto y enfriar.

Mayonesa de wasabi

Mezclar todos los ingredientes para obtener una mayonesa homogénea.

Espárragos con kaki no tane y tempura de nori

Pelar los dos tercios inferiores de los espárragos, salar y reservar. Desmenuzar toscamente las galletitas. Enharinar los tallos de espárragos hasta la punta sin pelar, luego sumergir en el recipiente con la masa (inclinar ligeramente el recipiente), dejar gotear y, por último, rebozar con las migas de galletitas. Dejar reposar un momento sobre papel de hornear para que se seque un poco.

Dorar el sésamo en una sartén sin aceite hasta que esté dorado. Precalentar el horno a 80 °C con ventilador. Con una tijera, cortar las láminas de alga nori en trozos de aproximadamente 3 × 8 cm. Calentar tres dedos de aceite en una cazuela ancha con borde alto. La temperatura ideal para freír está entre 160 y 180 °C. Quien no disponga de un termómetro de cocina puede utilizar el truco de la cuchara: meter en el aceite el mango de una cuchara de madera, y si salen burbujitas rápidas, es que se ha alcanzado la temperatura correcta. Sumergir los espárragos en el aceite por tandas (de tres) con una espumadera, y freír 2-3 minutos. Sacar y escurrir en papel de cocina. Mantener calientes en el horno precalentado.

Incorporar el sésamo a la masa de tempura restante. Bañar los trozos de alga nori de forma irregular y freír 1-2 minutos en el aceite caliente, hasta que estén crujientes. Servir inmediatamente los espárragos y las láminas de nori con la mayonesa.

ESPÁRRAGOS TEMPLADOS CON SALSA DE MISO

Un motivo más para esperar con ansia la próxima temporada de espárragos: los espárragos blancos y el miso claro son la pareja ideal; este aliño asienta los sabores de los espárragos recién cocidos gracias a su delicado aroma.

Aperitivo para 4 personas
Tiempo de elaboración: 25 minutos (más aprox. 10 minutos para que los espárragos se templen)

150 g de mayonesa (Kewpie)
20 g de pasta miso clara
1-3 pizcas de wasabi (de tubo o recién rallado)
2 cdas. de dashi
sal
vinagre de arroz
800 g de espárragos blancos
opcional: 2-3 cdas. de sésamo tostado con soja (véase p. 60)

Para el aliño, mezclar la mayonesa con el miso, el wasabi y el dashi, salar muy ligeramente y aportar un sutil toque ácido con 1-2 chorritos de vinagre de arroz.

Pelar los espárragos, afilar los extremos y envolver en un paño de cocina húmedo hasta el momento de utilizarlos. En una cazuela llevar a ebullición suave las peladuras y los recortes cubiertos con 3 l de agua salada. A continuación, retirar las peladuras, los recortes y la espuma con una espumadera. Llevar a ebullición la decocción de espárragos, echar dentro los espárragos pelados y cocer 8-15 minutos, dependiendo de su diámetro, sin que pierdan mordisco.

Retirar los espárragos y dejar templar. Disponer en platos, rociar con el aliño y espolvorear con sésamo tostado con soja.

<u>Variantes</u>

- El aliño de miso también queda muy bien con espárragos verdes: pelar solo el tercio inferior y cocer 3-5 minutos. Para conservar el bonito color verde, cortar la cocción de los espárragos en agua fría.
- En lugar del sésamo tostado con soja, también puedes utilizar simplemente sésamo recién tostado con un poco de sal, o una de las variantes de gomasio de este libro (véase p. 60).
- Si quieres aligerar un poco el aliño, puedes sustituir parte de la mayonesa por yogur, pero no debería quedar demasiado líquida.

<u>Consejo</u>

Se trata de un aliño muy versátil para acompañar verduras y ensaladas autóctonas, patatas asadas o ensaladas de patata, arroz o fideos de cualquier tipo.

GOMASIO Y FURIKAKE
SEIS ADEREZOS FANTÁSTICOS PARA ESPOLVOREAR

A los japoneses les encanta la sal de sésamo llamada gomasio y las versátiles mezclas de especias furikake, que suelen espolvorearse sobre el arroz y la verdura (*furu* significa «espolvorear» y *kakeru*, «cubrir»). Aquí presento seis de estos crujientes potenciadores del sabor que pueden prepararse en casa.

Gomasio clásico

El gomasio se presta a prepararse en grandes cantidades y conservarlo en un frasco cerrado en la nevera. Simplemente tostar el sésamo en una sartén sin aceite hasta que esté dorado y, una vez enfriado, mezclar con sal marina en una proporción de 7:1. Triturar al gusto en el mortero o el robot de cocina. A mí me gusta que quede grueso y se vea alguna que otra semilla de sésamo entera.

Gomasio blanco y negro

Esta variante es muy vistosa, y se tritura menos. Simplemente dorar los sésamos juntos en una sartén sin aceite. Cuando las semillas blancas estén doradas, dejar enfriar todo y mezclar con la sal marina. Triturar solo la mitad en el mortero o robot de cocina, después volver a mezclar.

Gomasio con nori

Es igual que la receta clásica + 1 cda. de aonori (copos de nori), que se incorpora después de triturar el gomasio.

Sésamo tostado con soja

Sésamo, aromas tostados y el toque salado de la salsa de soja; este potenciador del sabor supercrujiente es adictivo por sí solo, pero también realza arroces y verduras. Precalentar el horno a 100 °C. Mezclar el sésamo con la salsa de soja y extender sobre una bandeja de horno con papel de hornear. Tostar y secar aproximadamente 20 minutos en el horno precalentado, hacia el final remover dos veces con un tenedor. Adquirirá la textura crujiente cuando se enfríe.

Superfurikake con miso

El objetivo era elaborar una mezcla de especias furikake realmente intensa. Sorprendentemente, la idea del miso seco salió bien a la primera. Aquí está la receta:

Precalentar el horno a 100 °C. Extender una capa muy fina de pasta de miso sobre papel de hornear, colocar sobre una bandeja y secar durante 90 minutos en el horno precalentado. Sacar la bandeja, meter en el horno las láminas de nori sobre una rejilla y dejar secar 40 minutos. Dejar enfriar todo y triturar junto con 40 g de sésamo tostado con soja. Añadir el sésamo con soja restante, extender todo sobre una bandeja de horno con papel de hornear y volver a secar en el horno a 80 °C durante 30 minutos. Dejar enfriar y guardar en un lugar oscuro en un frasco seco cerrado.

Furikake rápidos personalizados

Preparar la receta de gomasio blanco y negro (véase arriba) y mezclar con guindilla en copos al gusto y 1 cda. de copos de aonori. Otros ingredientes pueden ser: wasabi en polvo o jengibre rallado, cebolla frita machacada, ajo granulado, gambas secas trituradas, pimienta, shichimi togarashi...

Gomasio con nori

Receta básica
+ 1 cda. de aonori

Gomasio blanco y negro

50 g de semillas de sésamo blanco
20 g de semillas de sésamo negro
10 g de sal marina

Gomasio clásico

70 g de semillas de sésamo blanco
10 g de sal marina

Sésamo tostado con soja

80 g de semillas de sésamo blanco
2 cdas. de salsa de soja

Superfurikake con miso

80 g de shiro miso cremoso
2 láminas de alga nori
80 g de sésamo tostado con soja (véase arriba)

AGEDASHI TOFU

Un ligero plato veraniego que, sin embargo, está delicioso en cualquier época del año. Como mejor queda es con un tofu no demasiado firme y lo más fresco posible. La combinación de crujiente tofu frito, sabrosa salsa de dashi, refrescante rábano y jengibre es imbatible.

Para 4 personas
Tiempo de elaboración: 25 minutos

150 g de rábano blanco
25 g de jengibre fresco
1 cebolleta fina
50 ml de salsa de soja
50 ml de mirin
150 ml de dashi
50 ml de sake
maizena
1-2 cdas. de vinagre de arroz
2 × 200 g de tofu de consistencia media-blanda
aceite para freír

Pelar el rábano y el jengibre, rallar fino y mezclar. Reservar. Limpiar la cebolleta y cortar en aros finos. Lavar y reservar en agua fría.

Mezclar la salsa de soja, el mirin, el dashi y 50 ml de agua, y dejar hervir suavemente 2 minutos. Combinar el sake con 1 puntita de cucharilla de maizena, incorporar a la salsa que está en el fuego y llevar a ebullición. Acidular ligeramente con vinagre de arroz, luego retirar la salsa del fuego.

Cortar los trozos de tofu por la mitad a lo largo y luego las mitades en tres para obtener seis dados de cada porción. Llenar un cazo mediano de paredes altas con cuatro dedos de aceite y calentar. Extender un poco de maizena sobre una bandeja, poner encima los dados de tofu y rebozar volteando cuidadosamente con una cuchara de cocina.

La temperatura ideal para freír está entre 160 y 180 °C. Quien no disponga de un termómetro de cocina puede utilizar el truco de la cuchara: meter en el aceite el mango de una cuchara de madera, y si salen burbujitas rápidas, es que se ha alcanzado la temperatura correcta. Freír el tofu en tandas durante 1-2 minutos; tradicionalmente no se dora, sino que solo se forma una rápida corteza crujiente y delicada.

Disponer cada ración de tres dados de tofu con un poco de salsa en platos hondos y rematar con la mezcla escurrida de jengibre y rábano y los aros de cebolleta. La mezcla de rábano y jengibre puede mezclarse al gusto con la salsa y disfrutarse junto con el tofu.

Consejo
El tofu adecuado es, p. ej., tofu de algodón (momendofu), firme al corte, pero no demasiado duro. Merece la pena probar el reto de preparar agedashi tofu con tofu sedoso, que hay que manipular con cuidado porque se rompe fácilmente.

CHAWANMUSHI DE SHIITAKE

El chawanmushi* es una crema de huevo japonesa que cautiva gracias a su elegante sedosidad y un agradable aroma a frutos secos. Se puede acompañar con lo que se desee; en Japón gusta especialmente con verdura, marisco o setas. En esta versión, las espinacas y las setas shiitake aportan intensidad; un plato reconfortante y ligero para cualquier ocasión.

Para 4 personas
Tiempo de elaboración: 35 minutos

200 g de espinacas
100 g de setas shiitake
1 chalota
aceite vegetal
sal
4 huevos
50 ml de dashi
50 ml de leche de arroz (o de avena)
1 cdta. de salsa de soja clara
opcional: 1 cdta. de mirin

Limpiar las espinacas, lavarlas y secarlas con un escurridor de lechuga. Retirar el pie de las setas shiitake y cortar los sombreros en tiras finas. Pelar la chalota, picar en daditos y rehogar con aceite caliente en una sartén antiadherente grande hasta que esté traslúcida.

Añadir las setas y dorar. Incorporar las espinacas y dejar que pierdan volumen. Salar la mezcla, escurrir en un colador y dejar enfriar.

Mezclar los huevos con el dashi, la leche de arroz, la salsa de soja y, si se desea, el mirin. Repartir la verdura en cuatro moldes de ración** resistentes al fuego. Pasar la mezcla de huevo por un colador fino y repartir en los moldes.

Llenar una cazuela con tapa y accesorio para cocción al vapor con 1 l de agua y llevar a ebullición. Meter los chawanmushi, tapar y hacer al vapor 15-20 minutos.

Más datos: El chawanmushi* también está emparentado con los *egg coddlers* británicos, que son huevos aderezados y cocinados al vapor en moldes con tapa especiales. Estos recipientes sirven para los chawanmushi japoneses, pero también puedes utilizar moldes de ración** de silicona o porcelana (los de la fotos son de Pillivuyt), o incluso cuencos o tazas del tamaño adecuado.

Sushi y platos de arroz

SUSHI - DE MÉTODO DE CONSERVACIÓN A DELICIA CULINARIA

El origen del sushi actual se sitúa en la Antigüedad y la Edad Media: fue entonces cuando, por motivos de conservación, apareció en su forma primigenia, el nare zushi, para el que se metía y se comprimía el pez en salazón y el arroz cocido en cubas de madera. Durante el proceso de fermentación que se iniciaba así, el almidón de arroz se transformaba en ácido láctico y el arroz se descomponía en una papilla incomible que, sin embargo, conservaba el pescado. Este a su vez adquiría un sabor ácido, así que esta forma original del *nare zushi* era todo un desafío olfativo. Pero fue evolucionando: a finales del s. XVII, el arroz cocido se mezcló por primera vez con vinagre salado, y con lo que dejó de fermentar y pudo comerse junto con el pescado en conserva. Así surgió el hako zushi («sushi en cajita»), cuya tradición aún se conserva en Osaka; los bocaditos prensados oshi zushi (u oshiwaku battera, véase p. 83) también son herederos de esta antigua técnica de conservación.

EL SUSHI ACTUAL

Más adelante se desarrollaron los tipos de sushi que disfrutamos ahora, el nori maki zushi enrollado en láminas de alga (véase p. 79) y el nigiri zushi formado a mano que empezó a elaborarse a partir de 1820 en Edo, lo que hoy es Tokio (véase p. 80). Algunas formas especiales son el chirashi zushi («sushi esparcido», véase p. 150), para el que los típicos ingredientes de sushi se disponen sobre arroz acidulado en cuencos hangiri de madera o en boles junto con tsukemono de verdura y lechuga, o el inari zushi (véase p. 92), empanadillas de tofu fritas, cocidas en salsa de soja dulce y rellenas de arroz. Las empanadillas son doradas, y su color recuerda al pelaje del zorro, el animal mensajero de la diosa japonesa del cereal, Inari, que también es responsable de la cosecha de arroz.

SUSHI VEGETARIANO

Siempre han existido elaboraciones vegetarianas entre los sushis clásicos, como el kappa maki (pepino), el oshinko maki (rábano encurtido) o el tamago nigiri (tortilla con nori, véase p. 80). Desde hace un par de años, también hay sushis vegetarianos más creativos que aportan variedad a los menús de los bares izakaya y los nuevos bares de sushi. «Reproducir» sushis clásicos con verdura también es un divertimento popular que, además, queda delicioso (véase p. 76).

DISFRUTAR DEL SUSHI

En Japón hay tres formas clásicas de pedir sushi:

Okimari: una combinación preparada de distintos sushis del menú.

Okonomi: en este caso cada uno elige (a la carta) qué sushi quiere comer.

Omakase: aquí es el maestro del sushi (*itamae*) quien decide la selección y el orden.

La mejor bebida para acompañar el sushi es el té verde, que a menudo se sirve al principio a modo de bienvenida, normalmente junto con una toalla húmeda caliente (*oshibori*) para limpiar y refrescar las manos. Sobre todo porque en Japón los bocaditos de sushi suelen llevarse a la boca directamente con la mano, sujetos entre el pulgar y el corazón; ¡quién necesita palillos! A mí también me sorprendió, y al regresar a Alemania imité el método inmediatamente; por desgracia, en los restaurantes de sushi de aquí este gesto atrae las miradas críticas de otros comensales ignorantes. Quienes, por este motivo, prefieran utilizar los palillos, que por favor nunca los usen como puñales. Los palillos no sujetan el sushi por el centro desde arriba, sino de lado a lo largo de todo el lateral. Y jamás hay que separar el pescado del arroz, es una ofensa para el itamae. Durante las pausas, los palillos descansan con las puntas sobre los soportes al efecto, no sobre el plato.

SALSA DE SOJA, WASABI, JENGIBRE - TODO A SU DEBIDO TIEMPO

En Japón, el nigiri sushi ya suele servirse aderezado con wasabi y salsa de soja: el maestro unta la parte inferior del ingrediente de encima con la salsa de soja de la casa (véase p. 75), y la parte superior del arroz con una fina capa de wasabi. La mala costumbre de mezclar la salsa de soja y el wasabi en un cuenquito y bañar el sushi en la mezcla está muy mal vista, ya que arruina el sabor del bocado de sushi así como el del rábano picante y de la salsa de soja. De hecho, se usa muy poca salsa de soja, ni siquiera debería cubrir el fondo del cuenquito. Los sushis de las siguientes páginas se aderezan con un poco de wasabi y salsa de soja o salsa shoyu (véase p. 75), y se sirven con más wasabi por si se quiere añadir más picante. Si se utiliza, hay que añadirlo directamente sobre el pescado. Además, solo se baña en la salsa de soja la parte del pescado; el arroz debe permanecer blanco e impoluto. El gari encurtido (véase p. 75) se sirve por separado y tradicionalmente se come entre bocados: después de cada tipo de sushi, una rodajita de jengibre refresca y neutraliza la boca, y prepara las papilas gustativas para más emociones.

ARROZ DE SUSHI EN GRANDES CANTIDADES

Las recetas de sushi recogidas aquí se basan en la receta básica de la p. 71. Esa cantidad de arroz, si no se indica lo contrario, producirá aproximadamente 30 nigiri sushi o 4 rollos de nori. A diferencia de las variantes con pescado y marisco, el nigiri sushi vegetariano conserva su frescura durante 2-3 días si se guarda tapado en la nevera. Los rollos de sushi cortados en rodajas aguantan el mismo tiempo, e incluso pueden calentarse en la sartén (una deliciosa cena si se acompañan de ensalada), algo que también puede hacerse con el onigiri sushi.

EL ARROZ JAPONÉS (PARA SUSHI) PERFECTO

La siguiente receta básica de arroz para sushi ya se encuentra en *Cocina japonesa*, el predecesor de este libro. La receta original de **arroz de sushi en cazuela** se ha probado con éxito cientos de veces en las cocinas más dispares. Mientras trabajaba en este libro, me di cuenta de que la receta es de lo más versátil: la cantidad de arroz y agua puede reducirse a la mitad o duplicarse, siempre siguiendo las proporciones; también sale bien añadiendo un poco de sal o una tira de alga kombu. Así, la receta creada originalmente solo para elaboraciones de sushi se ha convertido en la clave de casi todos los platos de arroz de este libro.

Nadie debería dejarse desanimar por lo minuciosa y extensa que es la explicación, en realidad es una receta muy sencilla, y una vez que se ha seguido en casa dos o tres veces, sale con los ojos cerrados, incluso en el día a día. Hay que tener en cuenta que se tarda unas dos horas en prepararlo, aunque el arroz «trabaja» por su cuenta la mayor parte del tiempo. Después de lavarlo, se remoja, reposa y se cuece casi por sí solo.

El arroz

Hoy en día se encuentra arroz para sushi en los supermercados bien surtidos o en las tiendas asiáticas, pero también se puede pedir cómodamente por internet. Sin embargo, casi ningún «arroz para sushi» de los que se vende aquí viene realmente de Japón, el etiquetado suele inducir a engaño. La variedad ideal es el arroz hakumai (*Oryza sativa japonica*), un arroz redondo de proveedores como Nishiki, Shinode, Koshihikari, Akitakomachi y Kagayaki. El arroz para sushi que se comercializa aquí viene sobre todo de California y el norte de Italia.

La oferta es infinita. He probado distintos tipos de arroz y la experiencia me dice lo siguiente: hay pequeñas diferencias en el sabor y en la consistencia, lo importante es comprar únicamente arroz que solo contenga granos enteros. El arroz barato suele tener granos rotos que después lo aglutinan todo. Pero sobre todo se trata de prepararlo como es debido.

La cazuela

En algún momento me compré una cazuela con un revestimiento parecido al de las sartenes de teflón en la que no se pega nada. Las cazuelas de acero inoxidable de siempre también funcionan, pero muchas veces se queda un poco de arroz adherido. Los mejores resultados los he obtenido con la cazuela antiadherente, y, a diferencia de la vaporera de arroz, esta cazuela también sirve para otras elaboraciones, la uso casi a diario. Es importante que la cazuela que utilices tenga una tapa que cierre bien. Las tapas de cristal son estupendas porque te permiten observar lo que sucede dentro. El diámetro de la cazuela también importa, el de la mía es de 25 centímetros. ¡El arroz para sushi necesita su espacio! Allá vamos:

Lavar el arroz

Para aproximadamente 900 g de arroz cocido o unos 30 nigiri sushi, 4 rollos maki sushi, perfecto para 4-6 personas.

Poner **400 g de arroz para sushi** en un colador fino, colocarlo sobre un bol y llenarlo con agua fría; lavar el arroz sumergido con las manos, el agua adquirirá un tono lechoso por el almidón que suelta el cereal. En casi todas las recetas se indica que hay que lavar el arroz hasta que el agua quede transparente. Personalmente, lavo el arroz siete veces en agua fresca, durante 1 minuto cada vez, y al hacerlo deslizo el arroz entre los dedos y la palma de la mano presionando suavemente. Cambio el agua por completo cada vez. Después del séptimo lavado, el agua queda bastante clara.

Retirar el arroz y dejar reposar escurrido en el colador durante 1 hora. No dejar el arroz a remojo, sino que repose húmedo al aire.

Cocer el arroz

El arroz, que ahora está blanco como la nieve, se pone en la cazuela con exactamente **550 ml de agua tibia. Si se desea**, se puede añadir **1 trozo de alga kombu (****véase p. 89****) de aproximadamente 6 × 8 cm.** Tapar (y no abrir ni una sola vez durante toda la cocción) y llevar a ebullición. Bajar el fuego y dejar hervir a fuego lento hasta que el arroz haya absorbido toda el agua, unos 15 minutos. Retirar la cazuela del fuego y dejar reposar tapado otros 15 minutos. Sacar el alga kombu.

Enfriar el arroz

A continuación, volcar el arroz sobre una superficie de trabajo limpia, airearlo y volver a extenderlo con una cuchara de madera. Tradicionalmente, en Japón esto se hace en el hangiri, un recipiente redondo y amplio de madera de pino, como con forma de cuba. Esto permite que el arroz húmedo respire y se enfríe bien, y la madera absorbe el exceso de humedad. Una buena alternativa es una tabla de cocina grande de madera sin tratar.

Abanicar el arroz con un abanico o con un trozo grande de cartón para que se enfríe lo más rápidamente posible. De vez en cuando voltear el arroz en la superficie de trabajo o el hangiri, airearlo con cuidado (no removerlo nunca) y seguir abanicando.

Acidular y condimentar el arroz para sushi

El aderezo puede prepararse mientras el arroz se cuece: mezclar **2 cdas. de vinagre de arroz** con **10 g de azúcar** y **10 g de sal** hasta que el azúcar y la sal se hayan disuelto.

En un segundo cuenco preparar el agua para las manos mezclando **1 cda. de vinagre de arroz** con **4 cdas. de agua.** Salpicar el arroz templado con el condimento y voltear de nuevo cuidadosamente con la cuchara de madera para airearlo y repartir el sabor.
Ya puedes empezar a dar forma al arroz. Primero humedécete ligeramente las palmas de las manos con el agua que has preparado, así el arroz no se te pegará tanto.

Condimentar el arroz para platos de arroz

Si el arroz va a utilizarse como acompañamiento o como base para un plato de arroz, el aderezo llevará menos vinagre.

Mientras el arroz se cuece, mezclar **1 cda. de vinagre de arroz** con **2 cdas. de dashi**, **1 cdta. de azúcar** y **10 g de sal** hasta que el azúcar y la sal se hayan disuelto. Volcar el arroz sobre una tabla de madera limpia, airearlo y extenderlo con una cuchara de madera. Salpicar con el aderezo y voltear de nuevo cuidadosamente con la cuchara de madera para airearlo y repartir el sabor.

Arroz para invitados

Lo ideal es que el arroz para sushi siga templado cuando lleguen los invitados, y esto requiere una buena planificación, práctica y un espíritu algo aventurero. Sin embargo, también puedes preparar el arroz con antelación, darle forma de nigiri sushi, por ejemplo, y conservarlo en una bandeja cubierta con papel film sin tensar. Así, las piezas pueden esperar a temperatura ambiente a que llegue el momento de terminarlas. Los rollos de maki pueden prepararse 1-2 horas antes de que lleguen los invitados y conservarse en el frigorífico envueltos en papel film. Cortar o aderezar justo antes de servir. Pero antes de llevarlos a la mesa deben recuperar la temperatura ambiente.

El arroz que se prepare para platos de arroz debe estar listo en el momento en que se planea servirlo. Sin embargo, el arroz cocido y aderezado también puede devolverse a la cazuela tapada y mantenerse caliente en el horno a 80 °C.

Arroz en la arrocera

Ni siquiera en Japón es un deshonor preparar arroz en una arrocera. Suelen venir con receta propia, las mejores tienen temporizador, siempre se obtienen los mismos resultados y mantienen el arroz caliente sin que apenas pierda calidad. Es recomendable para hogares que cuecen muchísimo arroz y tienen sitio para el aparato.

JENGIBRE ENCURTIDO (GARI) Y SALSA SHOYU

El éxito de un sushi depende en gran medida de la calidad de los productos que se utilicen, de lo bueno que sea el arroz y de que esté cuidadosamente preparado (véase p. 71). Sin embargo, los maestros de sushi japoneses también sienten un especial orgullo por dos acompañamientos determinantes: el jengibre encurtido, que debe neutralizar y refrescar el paladar después de cada bocado de sushi, y la salsa de soja que se sirve con él. En muchos casos no se trata de una simple salsa de soja, sino una elaboración de la casa, una salsa shoyu mezclada por ellos mismos. Esta salsa y el jengibre encurtido casero son la tarjeta de visita de todo maestro del sushi.

Para el gari

700 g de raíz de jengibre fresco
sal
500 ml de vinagre de arroz (4,2 %)
150 g de azúcar

Para el gari rápido

150 g de raíz de jengibre fresco
sal
100 ml de vinagre de arroz (4,2 %)
40 g de azúcar

Para la salsa shoyu Paul-san

3 cdas. de dashi
3 cdas. de salsa de soja
1 cdta. de mirin (o ½ cdta. de azúcar)
opcional: 1 cdta. de sake

Gari a la manera tradicional

Pelar el jengibre; la mejor forma de hacerlo es con el canto de una cucharita, que nos permite raspar fácilmente la fina piel sin perder la forma característica de la raíz. Frotar con sal el jengibre pelado y dejar macerar 24 horas. Al día siguiente, aclarar con agua fría, dejar escurrir y meter en un frasco de conserva limpio con junta de goma en el cierre. Llevar a ebullición el vinagre de arroz con el azúcar y 200 ml de agua, y verter aún caliente sobre el jengibre. Este debería quedar completamente sumergido. Dejar madurar en el frasco cerrado al menos 7 días. Después se conservará en la nevera durante meses. Sacar el jengibre encurtido necesario con un tenedor o unas pinzas limpias y cortar en láminas muy finas.

Gari rápido

Pelar el jengibre como se indica arriba, luego cortar en láminas finas y salar. Dejar macerar 30 minutos. A continuación, meterlo en un frasco de conserva pequeño con junta de goma en el cierre. Llevar a ebullición el vinagre de arroz con el azúcar y 200 ml de agua, y verter aún caliente sobre el jengibre. Dejar enfriar en el frasco cerrado. En ese momento el jengibre ya está listo para consumirse, pero también puede prepararse para almacenarlo: con el tiempo estará cada vez mejor, y se conserva en la nevera durante semanas.

Salsa shoyu Paul-san

Para esta combinación de aderezos, se puede jugar al gusto con los ingredientes de la lista, con el picante, el dulzor, el umami... Lo más importante es la calidad de la salsa de soja que se utilice. Su sabor redondo e intenso debe convertirse en el alma de la salsa shoyu propia. Este versátil aderezo también es perfecto para condimentar ramen, guisos y platos de arroz, así como para mojar verduras o fideos.

TRES SUSHIS DE «PESCADO DEL DÍA»

Tres nigiri clásicos: *akami* (atún), *shake* (salmón) y *hotategai* (vieira). Naturalmente, en el caso de la cocina vegetariana, no utilizaremos pescado, sino que serán elaboraciones de verduras las que se conviertan en deliciosos trampantojos.

Para aprox. 30 sushis
Tiempo de elaboración: 45 minutos (más aprox. 2 horas para preparar el arroz y tiempo para congelar los pimientos y marinar la zanahoria)

Para el sushi

400 g de arroz de sushi (preparado según la receta básica de la p. 71)
pasta de wasabi

Para el falso atún

2 pimientos rojos pequeños
1 cda. de dashi, de salsa de soja y de mirin

Para el falso salmón

½ zanahoria gruesa pequeña
sal
1 cdta. de zumo de lima, de dashi, de mirin y de aceite vegetal

Para las falsas vieiras

2 setas de cardo
sal
100 ml de dashi
aceite vegetal
zumo de lima

Preparar el arroz de sushi siguiendo la receta básica. Mientras tanto, mezclar una pequeña cantidad de wasabi, del tamaño de una avellana, con un poco de agua para obtener un líquido cremoso que pueda untarse.

Preparar las verduras y después formar 30 «croquetas» con el arroz: para ello, trabajar con guantes de cocina y humedecerse ligeramente la palma de las manos, de manera que el arroz no se pegue tanto al darle forma. Pincelar ligeramente con wasabi la parte superior del arroz y colocar encima el ingrediente deseado.

Falso atún
Cortar por la mitad los pimientos, retirar las semillas y las partes blancas, y congelar unas 4 horas. Cocinar al vapor los pimientos congelados durante 12 minutos en una cazuela tapada y con el accesorio de vaporera. Enfriar con agua fría, cortar en ocho tiras y retirar la piel. Mezclar el dashi, la salsa de soja y el mirin, y marinar las tiras de pimiento con ello. Colocar sobre el arroz de sushi formado.

Falso salmón
Pelar la zanahoria, cortar en diagonal en rodajas lo más finas posibles y salar. Se necesitan 10 láminas. Colocar sobre una bandeja. Preparar una vinagreta con el zumo de lima, el dashi, el mirin y el aceite, pincelar la zanahoria y tapar con papel film pegado a las láminas. Dejar marinar al menos 3 horas a temperatura ambiente. Colocar sobre el arroz de sushi formado.

Falsas vieiras
Cortar cada seta en 5 rodajas y salar ligeramente. Voltear en una sartén con dashi y cocinar 2 minutos. Sacar y escurrir en papel de cocina. Secar la sartén, calentar un poco de aceite, dorar las setas 2 minutos por cada lado y aderezar con un chorrito de zumo de lima. Colocar templadas sobre el arroz de sushi formado.

Disponer los sushis y servir con salsa shoyu (véase p. 75), o salsa de soja, wasabi y jengibre encurtido (véase p. 75).

NORI MAKI YASAI

Los maki (o nori maki) son los rollos de sushi tradicionales envueltos en láminas de alga nori. Un auténtico clásico fácil de preparar y de tunear.

Para 4 rollos
Tiempo de elaboración: 30 minutos (más aprox. 2 horas de preparación del arroz)

400 g de arroz de sushi (preparado según la receta básica de la p. 71)
pasta de wasabi
1 pepino pequeño ecológico
sal
2 zanahorias delgadas
200 ml de dashi de kome koji (véase p. 111, puede sustituirse por dashi o caldo de verduras)
4 láminas de alga nori
opcional: algunas hojas de wasabi o mizuna

Preparar el arroz de sushi siguiendo la receta básica. Mientras tanto, mezclar una pequeña cantidad de wasabi, del tamaño de una avellana, con un poco de agua para obtener un líquido cremoso que pueda untarse.

Cortar el pepino, sin pelar, en ocho trozos a lo largo, retirar las semillas, salar abundantemente y reservar. Pelar las zanahorias y cortar en cuartos, cocer tapado en dashi o caldo de verduras durante 2-3 minutos. Sacar y dejar templar.

Colocar una lámina de nori en una esterilla para sushi con el lado brillante hacia abajo. Cubrir un poco más de la mitad de la lámina hasta los bordes con aproximadamente un cuarto del arroz, presionar con las manos húmedas para aplanar la capa de arroz. Colocar la zanahoria y la tira de pepino escurridas en el tercio superior. Untar una franja de crema de wasabi en el centro del arroz. Enrollar la esterilla y el maki desde el borde que tiene arroz, formar un rollo y al final apretar la esterilla otra vez. Preparar cuatro rollos como este.

Envolver en papel film y guardar en frío hasta servir. Cortar cada rollo en 6-8 trozos con un cuchillo afilado, limpiado en agua caliente después de cada corte, y disponer en una bandeja. Servir con salsa shoyu (véase p. 75), o salsa de soja, wasabi y jengibre encurtido (véase p. 75). Decorar con hojas de wasabi o mizuna si se desea.

Variantes

- Los rollos de nori pueden rellenarse con muchos otros ingredientes: espárragos blancos y verdes escaldados pero crujientes, tiras de aguacate ligeramente aciduladas, calabacín salado, calabaza Hokkaido cocida pero crujiente, ensalada de algas, tiras de tofu o seitán, piel de tofu hidratada, setas salteadas...

TRES NIGIRI SUSHI

Llamamos nigiri a los bocaditos de sushi que llevan encima todo tipo de exquisiteces. En este caso se trata de calabacín y daikon frescos y salados, delicados rollos de huevo tamago y sabrosa berenjena al estilo unagi.

Para aprox. 30 sushis
Tiempo de elaboración: 45 minutos (más aprox. 2 horas para preparar el arroz y tiempo para marinar las verduras)

Para el sushi

400 g de arroz de sushi (preparado según la receta básica de la p. 71)
pasta de wasabi

Para el sushi de calabacín y daikon

1 calabacín pequeño
sal
1 bandeja de hojas de daikon

Para el tamago sushi

3 huevos
1 cdta. de salsa de soja
sal
aceite vegetal
1 lámina de alga nori

Para el unagi sushi de berenjena

80 g de berenjena china (o media berenjena)
2 cdas. de salsa de soja, de mirin y de dashi
4 cdas. de aceite vegetal

Preparar el arroz de sushi siguiendo la receta básica. Mientras tanto, mezclar una pequeña cantidad de wasabi, del tamaño de una avellana, con un poco de agua para obtener un líquido cremoso que pueda untarse. Después formar 30 «croquetas» con el arroz: para ello, trabajar con guantes de cocina y humedecerse ligeramente la palma de las manos, de manera que el arroz no se pegue tanto al darle forma. Pincelar ligeramente con wasabi la parte superior del arroz y colocar encima el ingrediente deseado.

Sushi de calabacín y daikon
Cortar el calabacín en diagonal en 20 rodajas finas, salar abundantemente y dejar macerar 2 horas. Picar finamente ⅓ de las hojas. Pincelar un lado de las láminas de calabacín escurridas con un poco de pasta de wasabi y espolvorear con un poco del daikon picado. Colocar dos rodajas solapadas con el daikon picado hacia abajo sobre el arroz de sushi formado, y poner el daikon sobrante encima.

Tamago sushi
Mezclar los huevos con la salsa de soja y salar ligeramente. Pincelar con aceite una sartén antiadherente, calentar un poco y verter un poco de la mezcla de huevo, lo justo para cubrir el fondo con una capa fina. Dejar que el huevo cuaje a fuego moderado y formar un rollo con ayuda de dos espátulas. Situar el rollo en el borde superior de la sartén, volver a pincelar con aceite, verter otra capa y dejar cuajar. Hacer rodar el rollo anterior hacia el borde inferior de la sartén recogiendo la nueva capa de nuevo. Repetir hasta que la mezcla de huevo se acabe y se haya obtenido un rollo grueso de tortilla. Dejar enfriar, cortar en rodajas alargadas en diagonal y colocar sobre el arroz de sushi formado. Cortar la lámina de alga en tiras delgadas con tijeras y enrollar cada tamago sushi con una.

Unagi sushi de berenjena
Cortar la berenjena en 10 rodajas en diagonal y hacer cruces superficiales sobre cada lámina con un cuchillo. Preparar un aderezo con la salsa de soja, el mirin y el dashi, y untar las láminas por ambos lados. Dejar macerar 2 horas sobre un plato. Calentar el aceite en una sartén antiadherente y dorar las láminas a fuego moderado. Dejar enfriar y colocar sobre el arroz de sushi formado.

Disponer los sushis y servir con salsa shoyu (véase p. 75), o salsa de soja, wasabi y jengibre encurtido (véase p. 75).

OSHIWAKU BATTERA

El oshi sushi comprimido es la forma más antigua de sushi: para conservarlo, el pescado se salaba y se colocaba en capas con arroz acidulado; así nació el sushi. El oshi sushi es especialmente fácil de preparar, sobre todo para muchas personas.

Para 16 piezas
Tiempo de elaboración: 25 minutos (más aprox. 2 horas de preparación del arroz)

400 g de arroz de sushi (preparado según la receta básica de la p. 71)
pasta de wasabi
1 pepino pequeño ecológico
sal
½ aguacate
vinagre de arroz
2 láminas de alga nori
1 bandeja de hojas de shiso rojo o daikon
opcional: sésamo tostado con soja (véase p. 60)

Preparar el arroz de sushi siguiendo la receta básica. Mientras tanto, mezclar una pequeña cantidad de wasabi, del tamaño de una avellana, con un poco de agua para obtener un líquido cremoso que pueda untarse.

Cortar el pepino sin pelar en láminas finas a lo largo, salar y reservar. Retirar el hueso del aguacate, sacar la carne y cortar en láminas. Rociar con vinagre de arroz y salar ligeramente.

Limpiar el molde de oshi (véase consejo) con agua fría y un poco de vinagre y, todavía húmedo, cubrir con una capa generosa de papel film. Meter más o menos ¼ del arroz y aplastar para formar una capa lisa. Cortar una lámina de nori por la mitad, recortar si es necesario, y colocar una mitad encima del arroz. Poner encima otro cuarto del arroz y presionar.

Pincelar con una fina capa de wasabi y colocar encima las láminas de pepino escurridas y ligeramente solapadas. Cerrar el papel film por encima, poner la tapa y apretar con fuerza hasta obtener un bloque compacto. Sacar el bloque del molde con el film y enfriar.

Poner papel film nuevo en el molde y repetir con el resto del arroz, la segunda lámina de alga y las rodajas de aguacate. En este caso apretar el arroz y luego colocar las láminas de aguacate ligeramente solapadas.

Cortar cada bloque en 8 dados con un cuchillo afilado, limpiado en agua caliente después de cada corte, y disponer en una bandeja. Decorar con hojas de shiso y, si se desea, espolvorear con sésamo tostado. Servir con salsa shoyu (véase p. 75), o salsa de soja, wasabi y jengibre encurtido (véase p. 75).

Variante

- El oshi sushi también puede prepararse con setas laminadas salteadas, láminas de calabacín saladas, tofu condimentado o rodajas de tamago (véase p. 80). ¡Da rienda suelta a tu creatividad!

Consejo

Encontrarás moldes para oshi sushi en las tiendas asiáticas bien surtidas o en internet.

ROLLO CALIFORNIA CON MAYONESA PICANTE

A partir del uramaki sushi («sushi al revés») clásico, que lleva el arroz por fuera y la lámina de nori por dentro, desde finales de los sesenta se desarrolló en Estados Unidos lo que se conoce como rollo California, que también es muy popular aquí y cuya receta original lleva salmón y aguacate.

Para 4 rollos
Tiempo de elaboración: 30 minutos (más aprox. 2 horas de preparación del arroz)

Para los rollos California

400 g de arroz de sushi (preparado según la receta básica de la p. 71)
pasta de wasabi
3 cdas. de semillas de sésamo blanco y negro (o solo blanco)
2 pepinos pequeños ecológicos (o 1 pepino de ensalada ecológico)
2 aguacates
vinagre de arroz
sal
4 láminas de alga nori
150-200 g de rábano rojo rápido (véase p. 22)

Para la mayonesa picante

2-3 cdtas. de pasta de guindilla y jengibre (véase p. 103, o de la salsa picante preferida)
6-8 cdas. de mayonesa

Preparar el arroz de sushi siguiendo la receta básica. Mientras tanto, mezclar una pequeña cantidad de wasabi, del tamaño de una avellana, con un poco de agua para obtener un líquido cremoso que pueda untarse.

Tostar el sésamo en una sartén sin aceite hasta que esté dorado. Cortar el pepino en ocho trozos a lo largo, retirar las semillas y salar. Cortar los aguacates por la mitad, retirar el hueso, sacar la carne y cortar en bastones. Rociar con vinagre de arroz y salar ligeramente.

Colocar una lámina de nori en una esterilla para sushi. Con las manos húmedas, formar una capa fina con ¼ del arroz sobre toda la lámina de nori. Cubrir el arroz con papel film y dar la vuelta con cuidado de manera que el arroz quede debajo.

Colocar un par de tiras de pepino y bastones de aguacate en la parte central. Estrujar el rábano hasta que esté seco y disponer formando una línea. Pincelar una raya de crema de wasabi sobre la lámina de alga. Enrollar todo con ayuda de la esterilla para sushi. Al final, volver a apretarla. Preparar cuatro rollos como este. Retirar el papel film y hacer rodar los rollos sobre el sésamo tostado.

Mezclar la mayonesa y la salsa picante. Cortar cada rollo en 6-8 trozos con un cuchillo muy afilado, limpiado en agua caliente después de cada corte, y disponer en una bandeja. Servir con salsa shoyu (véase p. 75), o salsa de soja, wasabi, jengibre encurtido (véase p. 75) y la mayonesa picante.

Variantes

- También está delicioso con espárragos verdes cocidos pero crujientes, o tiras de zanahoria como las de la receta de maki de la p. 79.

VEGETALES MARINOS - SABOR DEL MAR

ALGAS Y HIERBA MARINA

El estado insular de Japón está rodeado por mar, y la pesca ha marcado el menú del país y ha traído prosperidad. Además, a lo largo de su historia, comer carne ha estado prohibido en numerosas ocasiones por motivos religiosos, y su consumo no aumentó hasta el inicio de la era Meiji (1868-1912) y la apertura del país hacia Occidente. De todos modos, el pescado, el marisco y los vegetales marinos como el alga y la hierba marina siguen constituyendo la base de la cocina japonesa junto con el arroz (véase p. 71).

SIN DASHI NO HAY COCINA JAPONESA

Centrémonos en el dashi (véase p. 106), el elemento que define e impregna la gastronomía japonesa. Apenas hay platos que salgan bien sin él, porque sin su sabor básico, la cocina japonesa no sabe auténtica. Este sabroso caldo milagroso se obtiene a partir del alga kombu y el katsuobushi, delicados copos de bonito seco y ahumado. De hecho, solo hubo un obstáculo a la hora de escribir este libro: ¿sería posible obtener un dashi estrictamente vegetal? He encontrado un par de formas de lograrlo (véase p. 111).

ALIMENTOS Y RECURSOS DEL RÍO Y DEL MAR

Los ríos y los mares han alimentado al ser humano desde siempre. En nuestro rincón del mundo, los vegetales marinos como las algas y la hierba marina están empezado a ganar popularidad ahora, pero en Japón tienen siglos de tradición. Son una fuente de proteína vegetal y aportan una gran cantidad de vitaminas y minerales, sin olvidar su intenso sabor. En este contexto son legendarias las «mujeres del mar» (*ama*) japonesas que, vestidas únicamente con pareos y sin equipos de buceo, se sumergen en las profundidades sujetándose a cuerdas con pesos para recoger abulones, hierba marina y algas. A partir de la década de 1920 y hasta la de 1960, el fotógrafo Iwase Yoshiyuki documentó la dura vida de las ama y levantó un monumento gráfico a estas mujeres que también puede admirarse parcialmente en internet.

Hace tiempo que la pesca se ha ido industrializando, y la hierba marina y las algas crecen controladas en cultivos acuícolas. La importancia económica de las algas también ha aumentado sin descanso en los últimos años, y no pocos investigadores y científicos ven en el fondo marino el futuro de la humanidad: las algas como recurso alimentario y materia prima renovable. La microalga espirulina contiene, por ejemplo, más de cincuenta nutrientes saludables, que incluyen vitaminas, minerales y aminoácidos. En la industria alimentaria, las algas se usan como estabilizadores, aglutinantes, gelificantes o colorantes. Además, también pueden reducir los gases de efecto invernadero gracias a la fotosíntesis. Hace años que se investiga con éxito la obtención de biocombustibles a partir de biomasa de algas. Su elaboración todavía es muy costosa, pero no requiere campos de cultivo como la colza o el maíz, solo grandes tanques de agua, y puede producirse de forma sostenible. Un campo apasionante.

ALGAS Y HIERBA MARINA EN LA COCINA

En Japón, los vegetales marinos son un ingrediente habitual y sus beneficios para la salud son manifiestos: los habitantes de la isla de Okinawa viven más que los de ningún otro lugar del mundo, y conservan la salud física y mental durante mucho tiempo. El secreto es una alimentación muy sana con mucha verdura y fruta, casi nada de carne, pocas grasas y azúcar, nada de ultraprocesados, ¡y todos los días un poquito de mozuku, un alga de la zona!

Esta alimentación está ligada además a una bonita filosofía:

HARA HACHI BU - COME HASTA SENTIRTE FELIZ, NO LLENO

El principio *hara hachi bu* de la moderación («ocho de diez») invita a comer solo el 80% de lo que llenaría tu estómago. ¡Muy inteligente!

En principio las algas, consumidas con moderación, son muy saludables, bajas en calorías y ricas en fibra, proteínas, omega 3, minerales y vitaminas. Sin embargo, las algas marinas también pueden contener grandes cantidades de yodo, que es especialmente problemático para personas con trastornos tiroideos.

LAS CINCO ALGAS MÁS HABITUALES EN LA COCINA JAPONESA

La cocina japonesa incluye más de cincuenta tipos de algas, presentes casi en cada comida de diferentes formas: el dashi mencionado antes, en ensalada de hijiki (véase p. 38), como ingrediente de sopas y relleno de nori maki sushi, como condimento del arroz, como aperitivo en tempura (véase p. 56)...

A continuación, presento las cinco algas más habituales que también son relativamente fáciles de conseguir aquí:

NORI

Nori no es un alga en particular, sino el nombre que se le da a una clase de algas, concretamente las algas comestibles. Las láminas de alga nori que pueden comprarse en nuestro país, del tamaño estándar de 20 × 18 cm, suelen consistir en alga roja machacada, secada al sol, prensada y tostada. El alga nori aporta mucha proteína vegetal. Las láminas pueden utilizarse para hacer maki sushi (véase p. 79) y gunkan maki (véase p. 90). Cortada en tiras finas también puede espolvorearse sobre platos de arroz y fideos, y en cintas anchas puede condimentar sopas ramen o sujetar piezas de onigiri (véase p. 97). En el caso del alga nori, el precio suele ser indicativo de la calidad. Las buenas láminas de nori no son traslúcidas. Una vez abiertas, la humedad del aire las ablanda. Lo mejor es conservarlas en un recipiente cerrado. Las láminas reblandecidas pueden secarse en una sartén sin aceite, así recuperan la textura crujiente y el aroma.

AONORI

Su nombre significa «alga verde», y se trata de una hierba marina que se seca y se vende en copos o en polvo para condimentar sopas, ensaladas, mayonesas o masa de tempura con un sutil toque verde de mar. El aonori ya se encuentra en algunos supermercados ecológicos, y también es apropiada para realzar el sabor de los platos de pescado de aquí.

WAKAME

Todos conocemos las algas wakame, sobre todo, por ser un ingrediente clásico de la sopa de miso. Estas algas secas de color marrón o gris verdoso quintuplican su volumen al hidratarlas durante diez minutos en agua caliente, y se convierten así en cintas de algas de color verde claro u oscuro. El sabor de esta alga es suave, ¡perfecta para principiantes! Sirve para enriquecer ensaladas, condimentar platos de ramen, sopas y guisos, acompañar el shabu shabu (véase p. 140) y rematar boles de arroz. Si se guarda en un lugar oscuro y seco, el wakame se conserva casi indefinidamente.

KOMBU

El alga kombu es un ingrediente importante para elaborar dashi (véase p. 106), y también suele añadirse un trozo de unos 4-6 × 8 cm al agua de hidratación del arroz (para sushi), de sopas y guisos, o a la cama de nukadoko (véase p. 27) para que desarrolle su umami. En forma de oboro kombu, hidratada y muy delgada, se utiliza para envolver carne y verdura, como condimento del battera sushi (véase p. 83) o cortada en tiras finas para acompañar los platos más variados.

El alga seca suele venderse en nuestro país en láminas de gran tamaño. También puede encontrarse en tiras; yo solo evitaría el alga comercializada en polvo o granulado. Sin embargo, es muy poco habitual encontrar auténtico kombu de las aguas septentrionales de Hokkaido. Debido a la creciente demanda internacional, la mayoría del alga viene ya de Francia, España o Irlanda (aunque los paquetes tengan inscripciones en japonés); los productos de estos países son de buena calidad. El kombu más caro suele ser también el mejor. Si el kombu seco se guarda en lugar seco, fresco y en un envase hermético, se conserva hasta un año.

HIJIKI

Esta hierba marina crece en fondos rocosos planos. Los brotes de esta planta conservan su bonito color negro incluso después de hidratarla durante diez minutos en agua templada, y después los hilos tienen que cocerse o saltearse, como en la tradicional ensalada de hijiki (véase p. 38). Al hacerlo, esta hierba marina de sabor como a frutos secos adquiere también otros aromas. Lo cierto es que el hijiki aderezado y cocido no puede faltar en ninguna mesa japonesa, porque aporta un toque fresco y marino a sopas, ensaladas, guisos, boles de arroz o verdura cocida o salteada, ¡además de un aspecto fantástico! Encontrarás hijiki en tiendas asiáticas y en internet, aunque cada vez es más habitual en los supermercados ecológicos bien surtidos.

GUNKAN MAKI DE «TARTAR» Y NARUTOMAKI

Dos clásicos de la cocina repensados en clave vegetariana: ¡gunkan maki con «tartar de ternera» y un rollo narutomaki sin pescado!

Para aprox. 12 piezas
Tiempo de elaboración: 35 minutos
(más aprox. 2 horas de preparación del arroz)

Para el gunkan maki de «tartar»

200 g de arroz de sushi (preparado según la mitad de la receta básica de la p. 71)
pasta de wasabi
2-3 tomates
salsa de soja
aceite vegetal
sal
1 cebolleta fina
2 láminas de alga nori

Gunkan maki de «tartar»

Gunkan significa «bote» o «buque de combate»; para elaborarlo, se envuelve una porción ovalada de arroz de sushi con una cinta ancha de alga y se rellena con trocitos de exquisiteces. En este caso se trata de un tartar de tomate.

Preparar la mitad de la cantidad de arroz de sushi según la receta básica. Mientras tanto, mezclar una pequeña cantidad de wasabi, del tamaño de una avellana, con un poco de agua para obtener un líquido cremoso que pueda untarse.

Para el tartar, marcar una cruz en la piel de los tomates y retirar el tronco cortando en forma de cono. Sumergir los tomates con una espumadera durante unos segundos en abundante agua hirviendo hasta que la piel se abra, y después enfriar rápidamente en agua helada. Pelar los tomates, cortar en cuartos y quitar las semillas, cortar en dados la carne para el tartar y limpiar brevemente en un colador.

Mezclar el tomate escurrido con un poco de salsa de soja y unas gotitas de aceite. Salar un poco si es necesario. Limpiar la cebolleta, cortar en aros finos y meter en agua fría.

Formar 12 óvalos con el arroz y aplanarlos un poco, untar la parte superior con una fina capa de wasabi. Cortar cada lámina de nori en 6 tiras del mismo tamaño, ceñir con ellas los óvalos de sushi y pegar los extremos con un grano de arroz. Rellenar con el tartar de tomate y rematar con la cebolleta.

Para 1 rollo
Tiempo de elaboración: 25 minutos
(más tiempo de enfriamiento)

Para el narutomaki tamagoyaki

4 huevos
1 cdta. de salsa de soja, de dashi y de mirin
sal
aceite vegetal
2 láminas de alga nori

«Narutomaki» tamagoyaki

Narutomaki es un rollo muy popular en Japón hecho con surimi, que se corta en rodajas y se sirve en sopas, arroces o cajas de bento.

Mezclar los huevos con la salsa de soja, el dashi y el mirin. Pincelar con aceite una sartén antiadherente, calentar ligeramente y verter un poco de la mezcla de huevo, lo justo para cubrir el fondo con una capa fina. Dejar que cuaje a fuego moderado y formar un rollo como se describe en la p. 80. Cuando se haya gastado más o menos un tercio de la mezcla, enrollar una lámina de nori y tostar. Repetir hasta que la mezcla de huevo se acabe y se haya obtenido un rollo grueso de tortilla. Dejar enfriar y enrollar con la otra lámina de nori. Cortar en rodajas justo antes de servir.

Disponer los sushis y servir con salsa shoyu (véase p. 75), o salsa de soja, wasabi y jengibre encurtido (véase p. 75).

INARI ZUSHI - EMPANADILLAS DE TOFU RELLENAS CON ARROZ DE SHIITAKE

Inari zushi, las empanadillas de piel de tofu dulzona con un relleno salado de arroz condimentado, gozan de mucha popularidad en Japón. Plegar estas finísimas empanadillas de tofu rellenas es un bonito proyecto de manualidad relajante, ¡y el sabor compensa el esfuerzo!

Para 12 piezas
Tiempo de elaboración: 25 minutos (más aprox. 15 minutos de enfriamiento)

- 150 g de arroz cocido el día anterior
- 1 cdta. de vinagre de arroz
- azúcar
- sal
- 150 g de setas shiitake
- 1 cebolleta fina
- aceite de sésamo
- 3 cdas. de aceite vegetal
- 12 empanadillas fritas en conserva (inari zushi no moto, aprox. 240 g, véase consejo)
- pasta de wasabi

Rociar el arroz con un poco de vinagre de arroz y sazonar con una pizca de azúcar y de sal. Retirar los pies de las setas shiitake y picar los sombreros en daditos. Lavar la cebolleta fina, cortar por la mitad a lo largo, poner bajo un chorro de agua fría y picar finamente.

Calentar los dos aceites en una sartén, dorar las setas shiitake y salar. Añadir el arroz y la cebolleta y saltear 2 minutos más. Extender el arroz sobre una bandeja y dejar enfriar.

Abrir las empanadillas de tofu con delicadeza (¡de verdad que se puede!) y untar una de las paredes interiores con un poco de wasabi. Repartir el arroz entre las empanadillas. Servir con salsa shoyu (véase p. 75), o salsa de soja, wasabi y jengibre encurtido (véase p. 75).

Variante

- La receta también funciona con otras setas como los champiñones o las setas de cardo, y en general es una receta perfecta para aprovechar restos de arroz de cualquier tipo (incluso arroz largo o integral).

Consejo

Las empanadillas jugosas y dulzonas para inari zushi, o inari zushi no moto, se encuentran en las tiendas asiáticas bien surtidas o en internet. Se venden en paquetes planos y en lata.

ROLLO CRISPY GARDEN

El maki frito en tempura es un invento moderno que aporta novedad y variedad especialmente al mundo del sushi vegetariano. ¡Este sushi jugoso y crujiente es delicioso!

Para 4 rollos
Tiempo de elaboración: 30 minutos (más aprox. 2 horas de preparación del arroz)

Para los rollos Crispy Garden

400 g de arroz de sushi (preparado según la receta básica de la p. 71)
pasta de wasabi
1 cdta. de shiro miso
12 espárragos verdes
sal
2 aguacates
vinagre de arroz
4 láminas de alga nori
opcional: 1 bandeja de hojas de shiso

Para la masa de tempura (sin huevo)

aceite para freír
200 g de harina y un poco más
100 g de maizena
sal
400 ml de agua muy fría

Preparar el arroz de sushi siguiendo la receta básica. Mientras tanto, mezclar una pequeña cantidad de wasabi, del tamaño de una avellana, con shiro miso y un poco de agua para obtener un líquido cremoso que pueda untarse.

Pelar el tercio inferior de los espárragos y recortar los extremos leñosos que puedan tener. Cocer en agua salada 3 minutos y cortar la cocción en agua helada. Cortar los aguacates por la mitad, retirar el hueso, sacar la carne y cortar en bastones. Rociar con vinagre de arroz y salar ligeramente.

Colocar una lámina de nori en una esterilla para sushi con el lado brillante hacia abajo. Cubrir un poco más de la mitad de la lámina hasta los bordes con aproximadamente ¼ del arroz, presionar con las manos húmedas para aplanarlo. Colocar el espárrago y el aguacate en el tercio superior. Untar una franja de crema de wasabi y miso en el centro del arroz. Enrollar la esterilla y el maki desde el borde que tiene arroz, formar un rollo y al final apretar la esterilla otra vez. Preparar cuatro rollos como este.

Calentar el aceite para freír en una cazuela alta y estrecha. Mientras se calienta el aceite, preparar la masa: mezclar harina y maizena con una pizca generosa de sal, e incorporar el agua con unos palillos o un tenedor. No utilizar las varillas, es mejor hacerlo de forma un poco «torpe» porque la masa puede y debe tener algunos grumitos y burbujas de harina; esa es la diferencia entre la tempura y otros rebozados más pesados y envolventes. Cortar cada rollo en 6-8 trozos con un cuchillo afilado, limpiado en agua caliente después de cada corte.

El aceite habrá alcanzado la temperatura perfecta cuando una gota de masa se hunda enseguida hasta el fondo y después ascienda rápidamente otra vez, y el aceite burbujee en los bordes de la gota.

Enharinar ligeramente las porciones de sushi, sacudir la harina sobrante y después pasar por la masa. Escurrir y freír pocos minutos en el aceite; lo ideal es que el rebozado casi no coja color. Escurrir brevemente los sushis fritos en papel de cocina y servir.

Servir con salsa shoyu (véase p. 75), o salsa de soja, wasabi y jengibre encurtido (véase p. 75). Si se desea, decorar con hojas de shiso.

ONIGIRI-SUSHI - ¡SUSHI PARA LLEVAR!

Perfecto para la pausa del bocadillo: los onigiri son un tentempié muy popular en Japón, un ingrediente de muchas cajas bento, cómodos y prácticos para llevar por ahí.

Para 12 piezas
Tiempo de elaboración: 30 minutos (más aprox. 2 horas de preparación del arroz)

- 400 g de arroz de sushi (preparado según la receta básica de la p. 71)
- 1 cdta. de alga hijiki seca (véase p. 89)
- 6 setas shiitake
- 1 cda. de semillas de sésamo blanco
- 2 cdas. de aceite vegetal
- sal
- 1 lámina de alga nori
- 2-3 pizcas de algas en polvo aonori

Preparar el arroz de sushi siguiendo la receta básica y dejar enfriar. Hervir el alga hijiki 5 minutos, cortar la cocción con agua fría y escurrir. Cortar el pie de las setas shiitake, picar los sombreros en daditos, dorar junto con el sésamo en una sartén con aceite caliente, salar y dejar enfriar. Cortar el alga nori en 12 tiras del mismo tamaño.

Repartir el arroz en dos cuencos, incorporar el hijiki y el aonori a uno y las setas y el sésamo al otro. Formar triángulos con el arroz: para ello, trabajar con guantes de cocina y humedecerse ligeramente la palma de las manos, de manera que el arroz no se pegue tanto al darle forma.

Colocar la tira de nori por el lado ancho y apretar. Servir con salsa shoyu (véase p. 75), o salsa de soja, wasabi y jengibre encurtido (véase p. 75), comer por la calle o disfrutar en casa.

Variantes

- Yaki onigiri a la sartén: los onigiri también pueden dorarse en una sartén con un poco de aceite vegetal caliente. Junto con una ensalada verde constituyen una comida ligera, que puede acompañarse de misonesa de tofu o mayonesa de wasabi (véase pp. 171 y 56).
- Yaki onigiri al horno: untar los onigiri con tare (véase p. 102) y dorar 2-3 minutos en el horno caliente (200 °C con ventilador). Pincelar de nuevo y dorar 2-3 minutos más. ¡Cuidado, estará caliente!

Consejo

Naturalmente, también es rápido y fácil darles a los onigiri forma de bolita de sushi. Los moldes triangulares de onigiri son de gran ayuda y se encuentran en las tiendas asiáticas o en internet.

Más datos: Los onigiri pueden prepararse con todo tipo de verduras y hierbas (guisantes, calabacín, pimientos o incluso tofu), pero tiene que ser en trocitos pequeños. También pueden utilizarse las setas shiitake que se usen para elaborar dashi (véase p. 111). En Japón gustan especialmente los ume onigiri con umeboshi, las ciruelas japonesas que se recogen aún verdes, se encurten con hojas de shiso y se secan, y que tienen un refrescante sabor ácido y salado. Suelen venderse en la zona de refrigerados o congelados de las tiendas asiáticas o en internet.

限定
ぼんじり
砂肝
ヤゲン
とり皮
ししとう

Ramen, caldos, sopas y guisos

SHIRUMONO - EL ARTE DE LA SOPA

Dashi, ramen, nabemono

Suimono («beber algo») es como se llama al arte de elaborar sopas claras, y en una comida japonesa no puede faltar al menos una sopa reconfortante. Seguramente la más famosa sea la sopa de miso (véase p. 115). En muchos casos, estas sopas o platos basados en sopas como el shabu shabu (véase p. 140) o el sukiyaki (véase p. 147) se elaboran a partir de un caldo dashi (véase p. 33), que aglutina y realza los sabores del resto de ingredientes. Lo mismo sucede con los nabemono, guisos ligeros como el clásico nikujaga (véase p. 133) o el oden (véase p. 130), que obtienen su típico e intenso sabor de la combinación de todos los ingredientes.

La cultura del ramen

En cambio, el uso clásico de los caldos al estilo europeo es menos habitual, y se presenta mayormente en la cultura del ramen, que a su vez tiene origen chino. Hoy en día se encuentra ramen por todas partes y en todas las estaciones del año, aunque estos asequibles boles de fideos con abundantes condimentos varían mucho de región a región. Los tres tipos de ramen básico más importantes son los ramen con base de salsa de soja de Tokio, los ramen de miso de Sapporo y los ramen hakata tonkotsu cremosos e intensos de la región de Fukuoka. La forma de los fideos que se usen también da pistas del lugar de origen y de lo exigente que es el cocinero.

Desde que las nuevas generaciones de japoneses muestran cada vez más interés por la cocina vegetariana, los restaurantes de ramen ofrecen más boles de fideos vegetarianos y preparan aromáticos caldos yasai a partir de verduras y especias previamente salteadas. Ese proceso aporta color y sabor, y los ingredientes secos como las setas shiitake y las distintas especias proporcionan una mayor complejidad y profundidad. Con el sustancioso caldo yasai de la p. 105 también pueden prepararse muchas otras recetas de este libro. Y si no tienes dashi a mano, puedes sustituirlo por este intenso caldo.

Simbiosis: caldo, tare y kaeshi

La base de las intensas sopas de fideos siempre es o bien el tare elaborado aparte (salsa de soja, cocinada p. ej. con miso, sal marina, jengibre, algas, mirin o sake), o bien el condimento universal kaeshi (véase p. 102); siempre se vierten primero en el cuenco de ramen como base de sabor, y luego se añade un caldo intenso, los fideos y, finalmente, los condimentos y aderezos más variados. La combinación del sabroso caldo con el tare y el kaeshi (véase p. 102) dan lugar a deliciosas y complejas sopas ramen, que aportan energía y reconfortan.

El ramen como sistema modular

Al igual que muchas otras recetas de este libro, los boles de ramen y las sopas se entienden como «sugerencias de presentación» que puedes seguir al pie de la letra, pero los fideos, los condimentos, los aderezos y los aceites pueden combinarse al gusto dependiendo de la época, el apetito o el humor del momento. ¡Crea tu propia receta!

Rápidos y prácticos - la *mise en place* de los aderezos y aceites

Se llama *mise en place* («colocar en su sitio, preparar») a los preparativos de la cocina francesa; precisamente para la rápida cocina japonesa, en la que muchos elementos se elaboran *à la minute*, en el último momento, disponer de pastas, salsas y aceites aromáticos listos para usarse es lógico y divertido.

Si dedicas un domingo lluvioso a cocinar lo que propongo en las siguientes páginas (a partir de la p. 102), después podrás servir una sopa de ramen o aderezar un bol de arroz o unos fideos japoneses de forma auténtica, rápida y flexible, incluso en pleno frenesí cotidiano.

Información útil

Los aceites, salsas y pastas se conservan durante meses en la nevera, y también pueden usarse para sazonar nuestros platos autóctonos, ya sean verduras, guisos, gratinados, sopas o salsas.

POTENCIADORES DE SABOR - (NO SOLO) PARA LAS SOPAS

Aquí presento un par de magníficos potenciadores de sabor que facilitan preparar comida japonesa en casa; naturalmente, el kaeshi, el aceite picante, el aceite de ajo y la salsa teriyaki, así como la salsa picante fermentada, son muy versátiles y también pueden utilizarse en otro tipo de platos. Con estas recetas, lo lógico es preparar de más y guardar.

Kaeshi (y mentsuyu) - los aderezos líquidos universales

El kaeshi y el mentsuyu constituyen la base de las sustanciosas sopas de ramen, y en general son un aderezo refinado y exuberante. Siempre tengo un poco a mano, y también los utilizo para rematar platos autóctonos.

Llevar a ebullición todos los ingredientes en un cazo pequeño sin dejar de dar vueltas, después dejar hervir suavemente sin tapar 5 minutos, hasta que se forme una espuma marrón claro en la superficie. Retirar del fuego y dejar enfriar. El kaeshi se conserva al menos 3 meses en un frasco bien cerrado dentro de la nevera.

El mentsuyu es una variación del kaeshi: mezclar 1 parte de kaeshi con 3 de dashi, y utilizar enseguida.

Tare Paul-san

Los tare, los aderezos base del ramen, también pueden usarse en otros platos para acentuar los sabores. Un frasquito de mi tare favorito aguanta fresco varias semanas en la nevera, y también sazona platos autóctonos.

Mezclar los ingredientes para obtener una mezcla cremosa. Dependiendo del miso, ajustar la consistencia con un poco de agua si es necesario. Sacar el tare del frasco siempre con una cuchara limpia; después volver a alisar la superficie.

Yaki tare

Un tare clásico para todo lo que pueda untarse o pincelarse con él: brochetas de barbacoa, verdura, tofu... Pero el tare sirve para muchas cosas más; por ejemplo, 1-2 cdtas. condimentan y realzan guisos y estofados, y les dan un toque especial.

Reducir todos los ingredientes del tare en un cazo destapado a fuego suave hasta la mitad de su volumen. Dejar templar esta salsa densa y verter por un colador a un frasco limpio con cierre de rosca. El tare se conserva fresco varias semanas en la nevera.

Salsa teriyaki

Pelar el ajo, picar finamente y dorar en una sartén con aceite. Pelar el jengibre, rallar fino y añadir. Desglasar con sake y llevar a ebullición. Incorporar la salsa

Kaeshi (y mentsuyu)

500 ml de salsa de soja
125 g de azúcar moreno
125 ml de mirin

Tare Paul-san

80 g de pasta miso oscura
2 cdas. de pasta de sésamo (neri goma o tahini)
5 cdas. de salsa de soja
1 cda. de mermelada de ciruela
1–2 cdtas. de vinagre de arroz
1 cdta. de aceite picante

Yaki tare

200 ml de salsa de soja
200 ml de mirin
100 ml de sake
30 g de jengibre fresco, pelado y en láminas
2-3 dientes de ajo, pelados

Salsa teriyaki

3 dientes de ajo
1 cda. de aceite vegetal
40 g de jengibre fresco
250 ml de sake
150 ml de salsa de soja
50 ml de mirin
2 cdas. de vinagre de arroz
1 cda. de azúcar
5 g de maizena
1 cdta. de aceite de sésamo

de soja, el mirin, el vinagre de arroz y el azúcar. Hervir suavemente destapado 5 minutos. Disolver la maizena en 2 cdtas. de agua fría y mezclarlo con la salsa del cazo, luego llevar a ebullición. Incorporar el aceite de sésamo, dejar enfriar y verter en un frasco con cierre de rosca. Dejar macerar una semana para que el sabor se desarrolle. La salsa se conserva durante meses en la nevera.

Aceite picante rayu

Mientras otros aceites picantes simplemente aportan ese matiz, el rayu casero lo acompaña de otros intensos aromas.

Pelar jengibre y ajo. Picar ambos lo más finamente posible. Calentar el aceite en un cazo y rehogar el jengibre y el ajo unos 3 minutos sin dejar de remover hasta que estén traslúcidos, se ablanden y desprendan su aroma. Retirar del fuego, incorporar los copos de guindilla, y llevar a ebullición brevemente. Dejar enfriar, después añadir el aceite de sésamo y verter en un frasco con cierre de rosca. El aceite se conserva durante meses en la nevera. Remover un poco antes de utilizar.

Aceite picante rayu

- 60 g de jengibre fresco
- 25 g de ajo (aprox. 5 dientes)
- 150 ml de aceite (de girasol o de colza)
- 1 cdta. de copos de guindilla roja (p. ej. gochugaru o pul biber)
- 1 cdta. de aceite de sésamo (o de nuez)

Pasta de guindilla y jengibre

Esta pasta fermentada de guindilla y jengibre se ha creado expresamente para este libro. La fermentación aporta un aroma y un sabor magníficos.

Pelar jengibre y ajo. Manipular las guindillas con guantes: primero cortar por la mitad a lo largo y retirar las semillas. Picar todo toscamente y mezclar con sal, azúcar moreno, vinagre y salsa de soja. Verter la mezcla en un vaso y comprimir con otro vaso que encaje y pesos (p. ej. canicas). Dejar reposar a temperatura ambiente durante 6 días.

A continuación, poner la mezcla en un cazo y hervir 2 minutos. Triturar con la batidora de mano (a mí me gusta que queden trocitos) y llevar de nuevo a ebullición. Verter en un frasco con cierre de rosca y conservar en la nevera. Aguanta varios meses.

Pasta de guindilla y jengibre

- 30 g de jengibre fresco
- 1 diente de ajo pequeño (lo más tierno posible)
- 70 g de guindilla roja
- 5 g de sal
- 80 g de azúcar moreno
- 2 cdas. de vinagre (6 %)
- 1 cda. de salsa de soja

Mayu - aceite de ajo tostado

Si se prueba solo, resulta muy agrio, pero unas gotas de mayu aportan un maravilloso y profundo aroma a sésamo y ajo a sopas y salsas.

Pelar el ajo y picar lo más fino posible. Calentar el aceite con el ajo en un cazo pequeño, llevar a una ebullición intensa, luego bajar la temperatura sin dejar de remover y rehogar hasta que esté traslúcido y blando. Después tostar el ajo hasta que adquiera un tono oscuro o negro; al final humeará un poco. Verter todo en un recipiente metálico con cuidado y dejar templar. Añadir el aceite de sésamo. Triturar con la batidora de mano y verter el aceite por un colador a un frasco con cierre de rosca. Se conserva durante meses en la nevera.

Mayu - aceite de ajo tostado

- 40 g de ajo (aprox. 10 dientes)
- 100 ml de aceite vegetal
- 50 ml de aceite de sésamo

CALDO YASAI (CALDO DE VERDURAS)

Para aprox. 1,5 litros
Tiempo de elaboración: 50 minutos
(más tiempo de enfriamiento)

4 cebollas blancas
4 zanahorias
1 puerro
40 g de jengibre
sal
3 cdas. de aceite vegetal
½ cdta. de pimentón dulce
1 pizca de pimentón de la Vera ahumado
2 estrellas de anís
1 cdta. de semillas de cilantro
4 setas de shiitake secas (o 15 g de boletus o setas variadas, secas)
100 ml de salsa de soja
2 cdas. de shiro miso (u otro miso)

Precalentar el horno a 220 °C. Cortar por la mitad las cebollas sin pelar. Lavar y cortar las zanahorias por la mitad a lo largo. Cortar el puerro por la mitad a lo largo, limpiar y picar en cuartos. Cortar el jengibre sin pelar en rodajas gruesas. Salar ligeramente la verdura. Mezclar el aceite con los dos pimentones y combinar con la verdura. Repartir sobre una bandeja con papel de hornear y cocinar en el horno precalentado 20 minutos. En los últimos minutos, añadir el anís estrellado y las semillas de cilantro a la bandeja y hornear también.

A continuación, poner la verdura y las especias en una cazuela y cubrir con 2 l de agua fría.

Añadir las setas, la salsa de soja y el shiro miso. Llevar lentamente a ebullición y dejar hervir el caldo 30 minutos a fuego suave. Retirar del fuego y dejar enfriar completamente antes de pasar el caldo por un colador fino. Probar el punto de sal.

Variantes

- Los restos de verduras, las peladuras y los recortes siempre pueden aprovecharse para hacer caldo.
- El caldo será aún más aromático si añades un trozo de alga kombu de unos 6 × 8 cm antes de que se enfríe.
- Para darle una nota ahumada puedes añadir una pizca de sal ahumada.

Consejo

El caldo puede prepararse con antelación y congelarse.

DASHI - EL ALMA DE LA COCINA JAPONESA REPENSADO EN CLAVE VEGETARIANA

El dashi es el alma y la base gustativa de la cocina japonesa, el aderezo sin el que no saldría bien casi ningún plato japonés. El dashi realza las elaboraciones, actúa como un potenciador natural y sutil de los sabores, y transforma los platos en un conjunto armónico; ¡puro umami! Tradicionalmente el dashi se elabora a partir de alga kombu y copos secos de bonito, y no es de extrañar que esta poción mágica se inventara aquí: en un país en el que prácticamente ningún punto está a más de 150 km en línea recta del mar, siempre se han aprovechado las riquezas y los tesoros de este. La técnica culinaria para elaborar el dashi también está marcada por las circunstancias regionales de Japón. En este pequeño país insular, la leña siempre ha sido un recurso especialmente caro, así que el dashi tiene un tiempo de cocción corto y más bien se infusiona como un té. Los ingredientes desarrollan una profundidad compleja y un gran aroma, algo que en la cocina europea solo conseguimos hirviendo caldos y fondos intensos suavemente durante horas. El awase dashi tradicional es rápido de preparar, y en su versión original con solo dos ingredientes (el agua es el tercero) da lugar en muy poco tiempo a intensos universos de sabores. A pesar de que en este libro nos hemos circunscrito a la cocina japonesa vegetariana, merece la pena echar un vistazo al original para entender mejor cómo funciona el dashi.

El dashi clásico es fácil de elaborar; en cambio, producir los ingredientes básicos es una labor costosa que requiere esmero y años de experiencia. En especial el katsuobushi, el filete seco y ahumado de bonito «katsuo» que, en virutas finísimas, aporta profundidad y un toque ahumado al dashi, y cuya obtención requiere muchísimo trabajo. La visita a la fábrica Yamakichi Kunisawa Hyakuma shoten me dejó asombrado; allí todavía se elabora katsuobushi a la manera tradicional y artesanal. Es un lugar como de otra época, la escasa luz se filtra cansada por las ventanas y puertas de persiana, las estancias están llenas de vapor y humo, los suelos de piedra brillan mojados. Fuera llega traqueteando otra carga de bonitos congelados en contenedores preparados para ello; dentro, tres de un total de diez maestros fileteadores trabajan concentrados en silencio con cuchillos en forma de hacha. Este pescado de altura (*Katsuo* o *Katsuowonsu pelamis*, también «bonito auténtico») pertenece a la familia de la caballa y el atún (*Scombridae*), pero no es una especie amenazada y suele pescarse uno a uno con anzuelo.

Una vez cocidos, secados y ahumados a mano, los filetes se convierten en trozos duros como la piedra que después se rallan en forma de las finas virutas que dan al dashi ese sabor tan especial.

Los empleados de esta fábrica hacen un trabajo literalmente esencial. La cocina japonesa empieza aquí. Los filetes se limpian y se lavan (*shajuku*) y luego se colocan en estructuras de alambre que se sumergen en un tanque de agua caliente humeante donde se cuecen durante una hora entre los 85 y los 95 °C. Una vez templados, pasan a las manos de un grupo mayoritariamente femenino que unta cada filete con un aderezo en forma de pasta a partir de crema de pescado. A continuación, los filetes pasan dos días en la cámara de ahumado (*baikan*), en la que pierden un 26 % de su peso. De allí salen los arabushi, trozos de pescado casi negro. Aquí entra en escena el señor Kunisawa Senior, que a día de hoy sigue probando cada trozo de arabushi de la fábrica y decidiendo sobre su nivel definitivo de calidad: las vetas, el color, la forma y el peso tienen una gran importancia. Sobre el tejado de la fábrica hay una casita donde se encuentran los trabajadores que elaboran karebushi a partir de esos trozos oscuros de pescado. Con un lijado tosco se retira todo lo que no es puro pescado duro. Durante el proceso posterior de kabitsuke los filetes se introducen de nuevo en cámaras húmedas de ahumado; la bruma contiene esporas cuyas encimas descomponen la grasa restante y obsequian así a los productores con virutas de katsuobushi especialmente transparentes. Tras afilar y pulir repetidas veces los trozos, estos adquieren un color marrón claro y están listos para seguir secándose al sol de Kagoshima; cuanto más seco está el katsuobushi final, más valioso y más caro será.

DASHI Y UMAMI EN LA COCINA VEGETARIANA

Mucho trabajo y mucho sabor. Y sin embargo, en la cocina japonesa hay opciones para obtener el intenso sabor del dashi de forma vegetariana. Para ello contamos con la ayuda del alga kombu, que es completamente vegetal y la principal fuente del clásico sabor umami. Esta alga seca es una de las cincuenta variedades que se conocen en la cocina japonesa.
El kombu aporta mucho umami, el «potenciador» natural que proporciona un sabor pleno y sabroso; así es como describió el químico japonés Kikunae Ikeda el sutil efecto del umami. En 1907, al degustar un caldo dashi, lo percibió como «quinto sabor», junto con el salado, el dulce, el ácido y el amargo, un sabor que hacía que el caldo fuera redondo e intenso. Ikeda descubrió que el origen era el ácido glutámico. Se trata de un componente natural de las proteínas, que el cuerpo humano también produce por sí mismo. La leche materna, por ejemplo, tiene un alto contenido en glutamato natural. Algunos alimentos con una gran concentración son los tomates, el queso parmesano y los alimentos fermentados y secos. En cambio, el glutamato monosódico en polvo son sales de ácido glutámico producidas mediante la biotecnología. La diferencia entre este glutamato «libre» y el presente en los alimentos naturales es que el primero no está unido en proteínas. El glutamato monosódico es sospechoso de estimular el apetito y fomentar indirectamente la obesidad, así como de provocar intolerancias. En la Unión Europea (y en toda Asia) se considera que el glutamato es un alimento seguro cuyo consumo no supone ningún problema «siempre que se use de forma racional y como parte de una alimentación equilibrada», tal como explica la Sociedad Alemana para la Alimentación.

En la cocina japonesa, el sabor umami aparece de forma natural gracias a las verduras fermentadas, la salsa de soja y el miso, el katsuobushi, las algas kombu y nori, y las setas shiitake secas.

Todo esto suena bastante vegetariano, y en las siguientes páginas describo un par de mis dashi preferidos, que salen bien sin pescado, además de una receta de dashi tradicional. Hay otra receta que ni siquiera lleva kombu, perfecta para cuando no se tiene a mano esa variedad de alga seca. En realidad, el kombu se vende en tiendas asiáticas, y también puede conseguirse fácilmente por internet. Sin embargo, es muy poco habitual encontrar aquí auténtico kombu japonés, como por ejemplo el valioso y poco común rishiri kombu de las aguas subárticas de la isla Rebun, en la prefectura de Hokkaido. Debido a la creciente demanda internacional, la mayoría del alga viene ya de Francia, España o Irlanda; los productos de estos países son de buena calidad. El kombu más caro suele ser también el mejor. Las láminas o planchas de gran tamaño están bien, aunque también pueden utilizarse en tiras; yo solo evitaría el alga comercializada en polvo o granulado. Al principio será suficiente con pequeñas cantidades, pero si el kombu seco se guarda en un lugar seco, fresco y en un envase hermético, se conserva hasta un año.

一番搾り
Asahi
アサヒビール
もつ焼
ふじ

伏見稲荷大社 境内案内図
Fushimi Inari Taisha shrine precincts guide map
一ノ峰
稲荷山
Mt.Inari
御劔社
二ノ峰
間ノ峰
清滝
薬力社
御膳谷奉拝所
御幸奉拝所
四つ辻
現在地
You are here
三ノ峰
荒神峰
三徳社
三つ辻
熊鷹社
新池
神田
奥社奉拝所
千本鳥居
八嶋ヶ池
白狐社
奥宮
祭場
おもかる石
納札所
玉山稲荷社
東
南
西
北

Dashi vegetariano Paul-san

15 g de setas secas
(shiitake o boletus)
2 cdas. de salsa de soja
15 g de jengibre fresco
2 rebanadas de pan negro
o moreno (duro)

Dashi de kome koji

75 g de arroz
de kome koji
500 ml de agua
mineral sin gas

Dashi de shiitake y kombu

5 setas shiitake secas
30 g de alga kombu
2 cdas. de salsa de soja

Dashi de kombu

1 trozo de alga kombu
del tamaño de una postal
opcional: 1 lámina de alga nori

DASHI

Dashi vegetariano Paul-san

Mi dashi vegetariano preferido no lleva ni algas ni pescado, son el pan y las setas los que aportan las intensas notas de umami. Picar las setas en trozos grandes y meter en una cazuela junto con 1 l de agua y la salsa de soja. Cortar el jengibre en láminas, añadir y llevar a ebullición. Incorporar el pan en trozos y llevar de nuevo a ebullición. Retirar del fuego y dejar reposar 10 minutos antes de pasar el caldo por un colador fino cubierto con papel de cocina.

«Dashi» de kome koji

Disolver el arroz kome koji en el agua hirviendo, bajar la temperatura y dejar hervir suavemente 10 minutos. Pasar por un colador fino y exprimir bien los restos sólidos. Este sencillo caldo puede utilizarse como dashi.

Dashi de shiitake y kombu

Picar las setas shiitake en trozos grandes. Meter el alga kombu con las setas en una cazuela junto con 1 l de agua y calentar lentamente casi hasta el punto de ebullición (¡no debe llegar a hervir!). Retirar del fuego y dejar reposar el alga en el agua caliente durante 1-2 minutos más. Luego retirar el alga y llevar el caldo de nuevo a ebullición con los trozos de setas y la salsa de soja. Dejar enfriar por completo y luego pasar por un colador fino cubierto con papel de cocina. Si al principio se añade una pizca diminuta de pimentón ahumado, se obtiene un dashi con ese sutil toque que aportan las virutas de pescado ahumadas y secas al dashi clásico.

Dashi de kombu

Dar cortes al alga kombu en varios puntos y dejar a remojo a temperatura ambiente en 1 l de agua; en las épocas frías del año hasta 4 horas, en verano 2 horas. Si se desea, añadir también 1 lámina de nori.

Awase dashi

Esta receta es de Shinji Nakahara (katsu-ichi.com), al que también se conoce en Japón como «Míster Dashi».

Frotar **10 g de alga kombu** con un paño húmedo y meter una cazuela junto con **1 l de agua fría**, luego calentar lentamente casi hasta el punto de ebullición (¡no debe llegar a hervir!). Retirar del fuego y dejar reposar el alga en el agua a 60-80 °C durante 1 hora. Retirar el alga y llevar el caldo de kombu de nuevo a ebullición. Esparcir **30 g de virutas de kezuribushi** (katsuobushi especialmente fino, si no se encuentra, utilizar las virutas de katsuobushi que se venden aquí) por la superficie y esperar a que se hundan hasta el fondo. Verter por un colador fino cubierto con papel de cocina. No estrujar las virutas, porque amargarán el dashi.

Dashi instantáneo

En la cocina japonesa cotidiana, el dashi instantáneo se utiliza muy a menudo. Ya puede encontrarse en polvo (dashi pakku, dashi no moto, hon dashi) y en forma de líquido concentrado en tetrabrik en las tiendas asiáticas o por internet. Sin embargo, estos dashi siempre contienen pescado. El dashi instantáneo cunde mucho: 1 cdta. de dashi en polvo sirve hasta para 1 l de agua, y el dashi líquido suele concentrarse a una cuarta o quinta parte. No es ninguna deshonra cocinar con dashi comprado, sobre todo al principio y con el estrés del día a día, porque facilita la elaboración y también puede animar a probar todas las posibilidades de este caldo.

Cómo conservar dashi

Todos los dashi deberían usarse lo más frescos posible, directamente después de elaborarlos. Las sobras se conservan hasta 3 días en la nevera dentro de un frasco bien cerrado. También puede congelarse en raciones, pero perderá algo de sabor.

MISO - SABOR, VARIEDAD, ELEGANCIA Y RAPIDEZ

Las pastas de miso también se han hecho rápidamente un hueco en nuestra cocina durante los últimos años. Al principio fueron los chefs de la alta gastronomía quienes descubrieron las posibilidades de estas aromáticas pastas, pero hoy en día también son habituales en muchas cocinas domésticas. Gracias a ello, la oferta también ha crecido prometedoramente, y ya no solo se encuentra pasta de miso en las tiendas asiáticas, sino también en los supermercados normales y ecológicos. El surtido crece, y ya hay productores locales ampliando la oferta con miso autóctono.

UMAMI A PARTIR DE SOJA, ARROZ Y CEREAL

Estas pastas fermentadas a partir de soja al vapor, arroz o cereales ofrecen aromas y sabores complejos para un sinfín de usos. El miso aporta grandes cantidades de umami (véase p. 107), notas ácidas, dulces y saladas, un sutil toque picante y plenitud en boca. Una vez más, la causa de todo esto es el hongo koji, *Aspergillus oryzae* (véase p. 31), que transforma el arroz y el cereal, entre otros ingredientes, en deliciosas pastas miso. Hace mucho tiempo que, además de los miso japoneses clásicos de arroz o cebada, también existen miso regionales de guisantes, lentejas o altramuces.
El milagro de sus complejos aromas se desarrolla durante la fermentación y maduración en tanques de hormigón o depósitos, pero también en ánforas de cerámica, barriles de madera o viejas barricas de jerez o whisky.
Durante la fermentación anaeróbica, la pasta con base de cereal, más soja y koji madura sin aire entre uno y tres años hasta alcanzar la perfección.

MISO - CÓMO MEJORARLO TODO Y AHORRAR SAL

No importa si es un plato japonés clásico o una elaboración autóctona: las pastas miso lo mejoran todo. Algunos de los clásicos con miso de la gastronomía japonesa son la sopa de miso (véase p. 115) o el ramen de miso (véase p. 121), pero en este libro también encontrarás otras muchas ideas para utilizarlo, desde el aliño de miso (véase p. 59) y la mayonesa de miso (véase p. 171) hasta el rábano cocido con miso (véase p. 52), el tofu con miso (véase p. 176), el guiso de patatas con miso (véase p. 144), las berenjenas con miso (véase p. 189) y una delicada beurre blanc con miso (véase p. 180).

Sin duda el miso realza y refina cualquier plato de forma muy sutil, y eso puede aprovecharse también en la cocina local; el truco está en la dosis. El miso y la mantequilla forman una pareja de ensueño (el plato más cocinado del primer libro, *Cocina japonesa*, fueron los espaguetis con miso y mantequilla). Una cucharadita de miso puede condimentar guisos, sopas o salsas clásicas como la holandesa o una salsa de jugo de carne. Remata vinagretas y aliños, marina y adoba verduras, pescado y carne, ¡y de paso ayuda a ahorrar en sal!

CÓMO CONSERVAR MISO

Si empiezas a experimentar con las posibilidades del miso, pronto no podrás pasar sin él y querrás probar otras variedades. La buena noticia es que, gracias a su contenido natural en sal y sus características enzimáticas, el miso se conserva casi indefinidamente, y puede guardarse dentro de la nevera en su envase original o en un frasco con cierre de rosca. Solo hay que tener cuidado de sacar el miso con una cuchara limpia, alisar la pasta después y mantener limpios los bordes del recipiente. Así se podrá disfrutar mucho tiempo de las reservas de miso, y la caducidad impresa en el envase solo debe entenderse como una recomendación obligada por la ley.

SOPA DE MISO - UN SISTEMA MODULAR DE POSIBILIDADES

Una sopa de miso se prepara rápidamente, reconforta y proporciona una aromática energía. Y no es necesaria una receta estricta, lo importante es el gusto personal. La sopa de miso puede ser desde sabrosa y picante hasta intensa y elegante; sus mayores atractivos son lo fácil que se prepara y lo versátil que es. Aquí presento un par de sugerencias siguiendo un sistema modular para que prepares tu miso favorito.

Elegir la pasta de miso
En el resumen de la p. 117 se describen las distintas pastas de miso; prueba distintas variedades o simplemente elige tu miso favorito para las siguientes recetas.

Las pastas de miso también pueden combinarse: por ejemplo el suave shiro miso con el intenso hatcho miso o el genmai miso, robusto y con aroma a frutos secos.

Sopa de miso rápida y sencilla (miso de desayuno)
Llevar el agua a ebullición, retirar del fuego, incorporar la pasta de miso y disolver.

Sopa de miso con dashi
Llevar el agua a ebullición, retirar del fuego, incorporar la pasta de miso y disolver. Añadir el dashi y calentar de nuevo casi hasta el punto de ebullición.

Sopa de miso con koji
Llevar el agua a ebullición junto con el caldo de koji, retirar del fuego, incorporar la pasta de miso y disolver.

Más sabor
Se puede dar más intensidad a la sopa con 1-3 cdtas. de salsa de soja o una pizca de sal. Los condimentos especiados como un poco de jengibre picado o un par de hojitas de cilantro pueden infusionarse en el caldo de miso durante 2 minutos como si fuera un té. 1-2 gotas de aceite de sésamo o aceite de ajo mayu casero (véase p. 103) también dan un toque elegante al aroma de la sopa de miso caliente.

Picante
El aceite picante rayu casero (véase p. 103) o la pasta de guindilla y jengibre (véase p. 103) dan chispa a la sopa. Ir probando poco a poco para dar con el punto de picante adecuado.

Guarniciones
Las guarniciones clásicas para la sopa de miso son alga wakame hidratada en agua templada durante 20 minutos, dados de tofu sedoso y aros de cebolleta fina. También suelen usarse brotes. Sin embargo, no hay inconveniente en añadir fideos (pre)cocidos a la sopa de miso para convertirla en un tentempié rápido.

Para 2 tazas o cuencos

Sopa de miso rápida y sencilla (miso de desayuno)
500 ml de agua
2-3 cdas. de pasta de miso

Sopa de miso con dashi
300 ml de agua
2-3 cdas. de pasta de miso
200 ml de dashi

Sopa de miso con koji
250 ml de agua
250 ml de caldo de koji (véase p. 33)
2-3 cdas. de pasta de miso

Las sopas de miso también son oportunidades para aprovechar sobras de verduras, fideos o arroz del día anterior.

Mugi miso
Shinshu miso
Saikyo shiro miso
Genmai miso
Hatcho miso
Inaka miso

LA DIVERSIDAD DEL MISO - CARACTERÍSTICAS DE LOS TIPOS DE MISO MÁS HABITUALES

Shiro miso (miso blanco, no está en la imagen)
El shiro miso tiene un alto contenido en arroz, es especialmente suave, con notas algo dulzonas y afrutadas. Su carácter moderado lo convierte en la iniciación perfecta al universo del miso.

Shishu miso (miso amarillo)
El miso preferido en Japón para el día a día es increíblemente versátil. Se fermenta durante más tiempo que el shiro miso, es un poco más fuerte y también más salado.

Saikyo shiro miso
Este miso ligeramente fermentado contiene el mayor porcentaje de arroz y aporta un dulzor intenso.

Aka miso (miso rojo, no está en la imagen)
El aka miso, de color rojo pardo, se elabora con un 70 % de granos de soja y un 30 % de arroz, y madura hasta 2 años. Su sabor es intenso y en Japón se usa a menudo y para platos muy distintos.

Hatcho miso (miso oscuro)
Este preciado miso de larga tradición tiene una consistencia más firme y se produce solo con granos de soja. Fermenta al menos 3 años en barricas de madera comprimido con piedras hábilmente colocadas. El hatcho miso es intenso en boca y presenta sutiles notas amargas.

Genmai miso
El carácter robusto y especiado de este miso marrón claro se debe a la gran cantidad de arroz integral sin pelar que contiene. Aporta mucho sabor y notas de frutos secos.

Mugi miso
Un miso de cebada fuerte y aromático, con toques desde malteados hasta afrutados y notas de frutos secos.

Inaka miso
El miso «del campo» rojo e intenso, que se elabora con arroz, granos de soja o cebada. Se caracteriza por su textura poco homogénea y su sabor rústico, que recuerda a la tradición japonesa de miso hecho en casa.

MEZCLAS

Awase miso
Awase significa «mezclado»; esta combinación rojo oscuro de soja, cebada y arroz fermenta hasta 3 años y es muy versátil, por lo que goza de gran popularidad en Japón.

Akadashi miso
Esta mezcla de hatcho miso y shiro miso es muy particular; el shiro miso atenúa un poco la intensidad del hatcho. El resultado es un miso redondo y sustancioso para cualquier ocasión.

SOBA RAMEN ASSARI VEGETARIANO CON SHIITAKE KARA NI Y AJITSUKE TAMAGO

Assari significa «fácil», y aquí tienes la receta para un ramen rápido de diario, que gracias a guarniciones como el ajitsuke tamago (huevos a la soja) y las shiitake kara ni también puede convertirse en un plato festivo.

Para 4 personas
Tiempo de elaboración: 15 minutos (si el shiitake kara ni y el ajitsuke tamago ya están listos)

- 20 g de jengibre fresco
- 150 ml de salsa de soja
- 50 ml de mirin
- 1 cebolleta fina
- 1 lata de maíz (aprox. 300 g)
- 100 g de brotes de soja o soja verde
- sal
- 90-120 g de fideos ramen (por persona)
- 200 ml de dashi (véase p. 111)
- 1 l de caldo
- opcional: sésamo tostado con soja (véase p. 60)

Pelar el jengibre y rallar fino, llevar a ebullición con la salsa de soja y el mirin, y reservar. Limpiar la cebolleta, cortar en aros finos y pasar por agua fría. Escurrir el maíz y sumergir en un colador junto con los brotes de soja o soja verde en agua salada hirviendo durante 2 minutos. Reservar caliente.

Cocer los fideos en agua salada siguiendo las indicaciones del paquete. Mientras tanto, llevar a ebullición el tare, el dashi y el caldo juntos. Escurrir los fideos y repartir en cuencos precalentados. Llenar con caldo hirviendo. Cortar los huevos ajitsuke por la mitad y colocar encima. Acompañar de shiitake kara ni, maíz, brotes y cebolleta, y servir con sésamo tostado espolvoreado si se desea.

Tiempo de elaboración: 25 minutos (más tiempo de enfriamiento y un par de horas para marinar los huevos)

Para el ajitsuke tamago

- 150 ml de salsa de soja
- 100 ml de mirin
- 2 cdas. de vinagre de arroz
- 6-8 huevos pasados por agua y pelados

Ajitsuke tamago

Para los huevos a la soja, llevar a ebullición 250 ml de agua con la salsa de soja, el mirin y el vinagre de arroz. Así se obtiene el líquido en el que meter los huevos. Dejar macerar tapado en la nevera durante al menos 4 horas, o de un día para otro. El líquido se conserva en la nevera hasta 4 semanas, y puede usarse 2-3 veces. Si añades a la cocción 1 diente de ajo aplastado, ¼ de guindilla o 20 g de jengibre en láminas, quedará más sabroso. Una vez se enfríe, pasar por un colador.

Tiempo de elaboración: 20 minutos

Para el shiitake kara ni

- 200 g de setas shiitake
- 1 chalota
- 150 ml de sake
- 100 ml de salsa de soja
- 150 ml de dashi

Shiitake kara ni

Cortar el pie de las setas shiitake, picar los sombreros en láminas finas. Pelar y picar finamente las chalotas. Llevar el sake a ebullición. Añadir la salsa de soja y el dashi y llevar a ebullición. Incorporar las setas y las chalotas y hervir tapado a fuego suave 5 minutos. Después, cocer destapado sin dejar de remover hasta que el líquido casi se haya evaporado. Servir caliente o templado. Se conserva al menos 1 semana en la nevera.

Consejo

También puede acompañarse de alga nori cortada en tiras finas, hojas de daikon o shiso, jengibre encurtido (véase p. 75) o menma (véase p. 121).

MISO RAMEN KOTTERI CON MENMA

Kotteri significa «sustancioso», una palabra que describe muy bien los ramen especialmente cremosos e intensos. El sabor lo aportan el caldo y el tare de miso, y la cremosidad proviene del tofu sedoso, la mantequilla y el aceite picante. Si al sorber los fideos sientes que sudas, es que todo ha salido bien.

Para 4 personas
Tiempo de elaboración: 20 minutos (si los huevos de codorniz y el menma ya están listos)

- 100 g de guisantes congelados, descongelados
- sal
- 20 g de jengibre fresco
- 100 g de pasta de miso clara o marrón clara
- 150 ml de dashi
- 150 g de tofu sedoso
- 20 g de mantequilla derretida
- 4 cdas. de kaeshi (véase p. 102, o 2 cdas. de salsa de soja)
- 1 cdta. de aceite de ajo (mayu, véase p. 103)
- 90-120 g de fideos ramen (por persona)
- 1 l de caldo de verdura (véase p. 105)
- opcional: gomasio (véase p. 10) y aceite picante (véase p. 103)

Cocer los guisantes 3 minutos en un colador sumergido en abundante agua salada, luego enfriar en agua fría. Reservar el agua de cocción para los fideos.

Para el tare, pelar el jengibre, rallarlo fino y mezclarlo con el miso y el dashi. Triturar el tofu sedoso con mantequilla, kaeshi y aceite de ajo hasta obtener una crema. Cocer los fideos en agua salada siguiendo las indicaciones del paquete. Al mismo tiempo, llevar a ebullición el tare con el caldo e incorporar la crema de tofu sedoso.

Escurrir los fideos y repartir en los cuencos precalentados junto con los guisantes. Rociar con el caldo caliente y poner encima el menma y los huevos (ver más abajo). Espolvorear con gomasio si se desea, y servir con aceite picante al gusto de cada comensal.

Tiempo de elaboración: 25 minutos

Huevos de codorniz marinados en soja
- 12 huevos de codorniz
- sal
- ajitsuke tamago (véase p. 118, o salsa de soja)

Guarnición de huevos de codorniz marinados en soja
Sumergir los huevos de codorniz con ayuda de un colador en abundante agua salada hirviendo durante 2,5 minutos, luego enfriar en agua helada. Pelar los huevos y dejar macerar 10-20 minutos en ajitsuke tamago (véase p. 118), o en un poco de salsa de soja durante el mismo tiempo.

Tiempo de elaboración: 25 minutos

Menma
- 1 lata de brotes de bambú de 450 g
- 50 ml de salsa de soja, de dashi y de mirin
- guindilla
- 1-2 gotas de aceite de sésamo

Guarnición de menma
Dejar escurrir los brotes de bambú en un colador. Llevar a ebullición 200 ml de agua con la salsa de soja, el dashi y el mirin, aderezar con una pizca de guindilla. Añadir los brotes de bambú y cocer suavemente 10 minutos. Dejar enfriar en el líquido de cocción, luego añadir aceite de sésamo. Una vez frío, se conserva en la decocción al menos 1 semana, después de 3 días estará aún mejor.

Consejo
También puede acompañarse de aros de cebolleta fina, alga nori cortada en tiras finas, hojas de daikon o shiso, jengibre encurtido (véase p. 75), shiitake kara ni (véase p. 118) o ajitsuke tamago (véase p. 118).

MAZEMEN CON SETAS

Mazemen significa «fideos variados», y en principio consisten en versiones japonesas de platos de pasta italianos. Así que este es un plato de «pasta» con tirabeques en una salsa cremosa con nata de soja y rematado al gusto con un sabroso aceite de ajo.

Para 2 personas
Tiempo de elaboración: 25 minutos

- 250 g de setas de temporada (en la imagen: champiñones, setas de cardo, shiitake y rebozuelos)
- 100 g de tirabeques
- 250 ml de caldo vegetal
- 50 ml de dashi
- 2 cdas. de salsa de soja clara
- 2 cdtas. de hatcho miso (u otro miso)
- 200 ml de nata de soja
- 1 cdta. de vinagre de arroz
- ½ cdta. de ralladura de limón ecológico
- 2 cdas. de aceite vegetal
- sal
- 200 g de fideos ramen (o espaguetis)
- opcional: aceite de ajo tostado (mayu, véase p. 103)

Limpiar las setas y cortarlas por la mitad o en rodajas gruesas, dependiendo de su tamaño. Limpiar los tirabeques y cortar en tiras finas a lo largo.

Para la salsa, llevar a ebullición el caldo con el dashi y la salsa de soja, incorporar primero el miso y luego la nata, triturar hasta obtener una crema y llevar a ebullición de nuevo. Condimentar con vinagre de arroz y ralladura de limón.

Saltear las setas con aceite caliente en una sartén antiadherente, salar. Cocer los tirabeques picados en un colador sumergido en abundante agua salada durante 3-4 minutos, sacar, dejar escurrir y reservar.

Cocer los fideos en agua salada siguiendo las indicaciones del paquete. Escurrir los fideos y repartir en cuencos precalentados junto con los tirabeques y las setas. Rociar con la salsa caliente. Servir enseguida con un chorrito de aceite de ajo si se desea.

<u>Variantes</u>

- Esta receta también puede prepararse con nata láctea en lugar de nata de soja; en ese caso, dejar que la salsa engorde ligeramente unos minutos.
- Puede añadirse más picante con aceite picante rayu o pasta de guindilla y jengibre (para ambos, véase p. 103).
- Este plato también está delicioso con guisantes o habas de edamame.
- También se puede acompañar de cebolleta fina, brotes de shiso, menma (véase p. 121) o un ajitsuke tamago por persona (véase p. 118).

MAZEMEN «CARBONARA»

El ramen mazemen «carbonara» sin caldo no es precisamente para amantes de la tradición. Sin embargo, en Japón se disfruta de la herencia de la cocina Yoshoki («a la occidental»), que enriqueció la gastronomía japonesa desde mediados del s. XIX con adaptaciones de los platos más apreciados por los inmigrantes occidentales. Animado por esta historia, he creado una versión vegetariana y japonesa de mi plato de pasta italiana favorito, ¡y con «tocino» de setas de cardo!

Para 2 personas
Tiempo de elaboración: 25 minutos

Para el tocino vegetariano

- 100 g de setas de cardo
- 1 cda. de dashi
- 1 pizca generosa de pimentón dulce
- 1 pizca de pimentón ahumado
- 2 cdas. de aceite vegetal
- sal

Para el mazemen «carbonara»

- 1 cebolleta fina
- 200 ml de caldo vegetal
- 50 ml de dashi
- 4 cdas. de salsa de soja
- 1 cda. de pasta miso clara
- vinagre de arroz
- 2 huevos
- aceite vegetal
- sal
- 200 g de fideos ramen (o espaguetis)
- gomasio (véase p. 11)

«Tocino» vegetariano

Picar las setas de cardo primero en rodajas gruesas y luego en bastones. Mezclar con dashi y dejar macerar un poco, después incorporar ambos pimentones. Precalentar el horno a 50 °C. Dorar el «tocino» en una sartén con aceite, salar ligeramente y mantener caliente en un plato dentro del horno.

Mazemen «carbonara»

Limpiar la cebolleta, cortar en aros finos y pasar por agua fría. Para la salsa, llevar a ebullición el caldo con dashi y salsa de soja, incorporar el miso y aderezar con un chorrito de vinagre.

Para los huevos escalfados, llevar a ebullición 1 l de agua con dos chorritos de vinagre. Cascar cada huevo en una taza untada con aceite. Cuando el agua hierva suavemente, formar un remolino, deslizar dentro los huevos uno a uno, pescar con una cuchara grande y envolver la yema con la clara que va cuajando. Dejar que los huevos se cuezan ligeramente 3-4 minutos. Sacar del agua cuidadosamente con una espumadera, salar un poco y pasar a un plato. Conservar caliente en el horno.

Cocer los fideos en agua salada siguiendo las indicaciones del paquete. Llevar a ebullición la salsa. Escurrir los fideos, mezclar con la salsa caliente directamente en la cazuela, y dejar que recupere brevemente el hervor. Repartir en los cuencos precalentados junto con el «tocino». Poner encima el huevo y la cebolleta escurrida, servir espolvoreado con gomasio.

Variantes

- El aceite picante rayu o el aceite de ajo mayo son el acompañamiento perfecto para que cada comensal se sirva al gusto (véase p. 103).
- Este plato también está delicioso si se le añaden guisantes o habas de edamame escaldadas.

RAMEN TANTANMEN

Los fideos picantes con «carne picada» tienen su origen en la cocina de Sichuan. Hoy en día este plato pertenece sin duda al canon de variaciones japonesas de ramen. Una comida sustanciosa y picante que reconforta y reanima a cualquiera, ¡pero que también adormila un poco a partir de la segunda ración!

Para 2 personas
Tiempo de elaboración: 30 minutos

- 350 ml de caldo vegetal
- 50 ml de dashi
- 4 cdas. de salsa de soja
- 1 cdta. de pasta de miso intensa
- 200 ml de leche de arroz (véase variantes)
- 1-2 cdtas. de pasta de guindilla y jengibre o aceite picante rayu (véase p. 103)
- 1 cebolleta fina
- 180 g de picadillo vegetariano*
- 2 cdas. de aceite vegetal
- 2 cdas. de kaeshi (véase p. 102, o 1 cda. de salsa de soja y otra de mirin)
- 2 mini pak choi
- sal
- 200 g de fideos ramen (o espaguetis)

Para la salsa, llevar a ebullición el caldo con el dashi y la salsa de soja, incorporar primero el miso y luego la leche de arroz, y llevar a ebullición de nuevo. Añadir picante al gusto con guindilla. Limpiar la cebolleta, cortar en aros finos y pasar por agua fría.

Dorar el picadillo vegetariano en una sartén con aceite caliente. Desglasar con kaeshi, voltear una vez y retirar del fuego.

Limpiar el pak choi. Llevar a ebullición agua salada en un cazo pequeño, colocar el pak choi «de pie» con los tallos hacia abajo (apoyado en la pared del cazo); de esta manera, los tallos se cuecen más tiempo que las tiernas hojas. Cuando el pak choi haya resbalado hasta sumergirse por completo, cocer 1 minuto más.

Cocer los fideos en agua salada siguiendo las indicaciones del paquete. Escurrir y repartir en cuencos precalentados junto con el pak choi escurrido y la cebolleta. Llevar de nuevo a ebullición la salsa y rociar por encima. Si se desea, se puede servir con pasta de guindilla y jengibre para que cada comensal añada picante.

Variantes

- En lugar de la leche de arroz, también se puede usar leche de soja, de avena o de almendra, o incluso leche y nata mezcladas a partes iguales.
- Si no se dispone de aceite picante rayu o pasta de guindilla y jengibre, puede utilizarse la salsa picante preferida.
- El tantanmen también suele servirse con granos de maíz y brotes de soja brevemente escaldados.
- Servir el tantanmen con jengibre encurtido (véase p. 75); aporta un maravilloso toque refrescante.

* Para el picadillo vegetariano hay varias opciones: se puede comprar el picadillo vegetariano preparado y refrigerado en el supermercado, desmenuzar el tofu preferido (el tofu ahumado es perfecto) o picar con el robot de cocina seitán o piel de tofu hidratada. También está rico con sombreros de setas shiitake picados en daditos y salteados.

OKAYU - GACHAS JAPONESAS

El okayu es el remedio japonés de cabecera para cualquier tipo de malestar; esta sedosa papilla de arroz proporciona fortaleza y armonía. Antiguamente se consideraba el desayuno tradicional de las clases altas, pero ahora las generaciones más jóvenes lo han redescubierto en forma de *porridge*. Además, es muy versátil y se prepara de formas muy distintas: con té verde en polvo o cocido directamente en el té preparado, servido como gachas en té llamadas chagayu, aromatizado con virutas de katsuobushi o acompañado con ciruelas ume. Para celebrar el Año Nuevo se sirve como gachas a las siete hierbas con judías azuki. En la siguiente receta (muy personalizable), las gachas se sirven como una comida ligera de verduras, con vegetales frescos brevemente cocidos o encurtidos, junto con un suave arroz con miso, rábano fermentado y furikake. Si lo combinas y aromatizas al gusto, disfrutarás de cada bocado.

Para 2 personas
Tiempo de elaboración: 50 minutos

100 g de arroz redondo (para sushi)
1 zanahoria
1 puñado de judías verdes
1 cda. de maíz
sal
pepinillos gigantes (véase p. 25)
1 bandeja de hojas de daikon
asazuke de rábano negro (véase p. 21)
shiro miso (véase p. 117)
furikake (véase p. 60)

Llevar a ebullición el arroz con 750 ml de agua y cocer a fuego suave 40 minutos, removiendo de vez en cuando.

Diez minutos antes de que esté listo, pelar la zanahoria y cortar en rodajas finas, limpiar las judías y picar en trocitos. Escurrir el maíz. Cocer la verdura 3 minutos en agua salada y enfriar un momento bajo agua fría. Escurrir los pepinillos gigantes y picar en daditos, separar las hojas del rábano.

Repartir el arroz en cuencos precalentados y esparcir por encima las verduras preparadas y las hojas. Escurrir el rábano, cortar en tiras y servir con shiro miso y furikake para acompañar el arroz.

Variantes

- Ya imaginarás que puedes elegir al gusto las verduras (de temporada) y los tsukemono fermentados o encurtidos (véase p. 21) con los que acompañas el arroz. Los aderezos también pueden ser muy distintos.
- En este caso, el arroz se condimenta con shiro miso, pero también puedes usar otras pastas de miso, o sustituir parte del agua de la cocción por dashi o caldo de koji (véase p. 33).
- También se pueden aprovechar restos de verduras, pastas o condimentos empezados, hierbas, lechugas y vegetales fermentados para acompañar el arroz.
- Endulzado con miel o sirope de arce, estas gachas de arroz quedan deliciosas con fruta fresca y frutos secos.

ODEN

El oden es un guiso de la gastronomía familiar. En una gran cazuela de caldo humeante y aromático flotan patatas, rábanos, setas, huevos enteros y un pudin verde grisáceo llamado konnyaku; la receta original también lleva carne y palitos de surimi. Tanto las cantidades como los propios ingredientes pueden variar enormemente, pero la mostaza, que también se usa en Japón, ¡es absolutamente indispensable para este guiso de invierno!

Para 4 personas
Tiempo de elaboración: 40 minutos

- 450 g de patatas pequeñas
- 300 g de rábano blanco
- 4-6 zanahorias delgadas
- 150 g de tofu frito (o el tofu firme preferido, o seitán)
- 500 ml de caldo vegetal
- 300 ml de dashi
- 50 ml de mirin
- 50 ml de salsa de soja
- 4 huevos
- opcional: 2 brotes de bambú en lata
- opcional: 200 g de konnyaku (en tiendas asiáticas, o bien fideos shirataki)
- 100 g de setas shimeji (marrones o blancas, o las setas preferidas en tamaño de bocado)
- 1 cda. de mostaza en polvo (p. ej. Colman's Mustard, o mostaza picante)

Pelar las patatas, cortar en cuartos y sumergir en agua fría. Pelar el rábano blanco y cortar en cuatro trozos iguales, de unos 3 cm de altura. Redondear las esquinas. Pelar las zanahorias y cortar en cuartos a lo largo. Picar el tofu en dados de bocado.

Llevar a ebullición el caldo, el dashi, el mirin y la salsa de soja en una cazuela ancha de paredes altas, echar los ingredientes preparados y cocer destapado 20 minutos a fuego suave.

Pinchar un agujerito en la base del huevo y cocer 4 minutos en agua hirviendo. Si se desea, cortar los brotes de bambú por la mitad a lo largo, y picar el konnyaku en dados. Separar las setas del manojo. Cortar la cocción de los huevos con agua fría y pelar con cuidado. Añadir los ingredientes al guiso y cocer suavemente otros 5 minutos sin tapar.

Mezclar la mostaza en polvo con 1 cda. de agua y poner un poquito en el borde de cada cuenco para sopa precalentado. Repartir el guiso en los cuencos y servir caliente.

<u>Variantes</u>

- Verduras, setas, tofu... ¡Los ingredientes pueden variarse al gusto!
- Pueden sacarse a la mesa condimentos picantes como la pasta de guindilla y jengibre o el aceite picante rayu (véase p. 103).

NIKUJAGA - GUISO DE VERDURAS CON FIDEOS SHIRATAKI

Este popular guiso pertenece a la auténtica «cocina de abuela» japonesa. En realidad, el nikujaga clásico se prepara con carne de ternera, pero se trata de un plato tan aromático que en la versión vegetariana no se echa nada en falta. Una comida reconfortante, y no solo en días fríos.

Para 2 personas
Tiempo de elaboración: 40 minutos

450 g de patatas pequeñas
4 zanahorias
100 g de fideos shirataki
100 g de tofu condimentado o ahumado
1 cebolla
5 cdas. de aceite vegetal
250 ml de dashi (o caldo de verduras)
50 ml de sake
2 cdas. de salsa de soja
1 cda. de mirin
100 g de judías verdes
jengibre encurtido (gari, véase p. 75)

Pelar las patatas, cortar en cuartos y sumergir en agua fría. Pelar las zanahorias y cortar a lo largo en trozos de bocado. Sacar los fideos del paquete y dejar escurrir en un colador. Cortar el tofu en trozos de bocado. Pelar la cebolla, picar finamente y dorar en una cazuela (a poder ser antiadherente) con aceite.

Mezclar el dashi, el sake, la salsa de soja y el mirin, y añadir. Bajar el fuego. Echar al caldo las patatas, la zanahoria y los fideos shirataki escurridos. Añadir también el tofu. Cocinar tapado a fuego moderado durante 10 minutos. Retirar del fuego y dejar reposar tapado durante 10 minutos.

Lavar las judías y cocer 7 minutos en agua salada. Colar y añadir al guiso. Servir con jengibre encurtido.

<u>Variantes</u>

- El guiso quedará aún más sabroso con 1 cdta. de pasta de miso.
- Si lo deseas, puedes rematar el plato con aros de cebolleta fina y furikake (véase p. 60).
- Cada uno puede condimentar el guiso al gusto con aceite picante rayu o aceite de ajo mayu (véase p. 103).

Somen
Udon
Chuka soba, mie
y yakisoba
Ramen

¡SLURP! - LOS FIDEOS EN JAPÓN

LA VARIEDAD DE LOS FIDEOS JAPONESES (MEN/MENRUI)

La cultura japonesa de los fideos se desarrolló a partir de la influencia china. En el s. VI, y junto con la introducción del budismo, primero se adaptó la técnica china de los fideos lamian estirados a mano, y hasta finales del s. XIX, la masa para los shina soba (fideos chinos) también se cortaba a mano. Enseguida se crearon fideos propiamente japoneses. A diferencia de lo que sucede en Europa, la variedad no se centra en la forma, sino más bien en la consistencia, el sabor y la textura en boca. Las preferencias son regionales: en el noreste de Japón y el interior montañoso se disfrutan sobre todo los fideos soba y los de alforfón; en cambio, en el suroeste, se aprecian sobre todo los gruesos fideos blancos udon hechos de trigo. Los chuka soba amarillos y los fideos ramen de trigo con huevo son los que más recuerdan al origen chino de este alimento. A esto se añaden variedades como los shirataki blancos casi transparentes (el nombre significa «cascada blanca»), que se elaboran a partir de la fécula de la raíz de konjac, o los fideos celofán, que en Japón se llaman harusame («lluvia de primavera»).

PLATOS CLÁSICOS CON FIDEOS

En Japón, los fideos representan sobre todo una cocina rápida que sacia y reconforta. Sin embargo, también hay platos más elaborados, sobre todo en los restaurantes especializados en soba, que requieren una gran habilidad por parte del cocinero. Los versátiles fideos ramen (véase p. 136) son la comida de diario preferida en el país. Clásicos como los sencillos kake udon (véase p. 138), shabu shabu (véase p. 140), sukiyaki (véase p. 147) o los guisos rápidos con fideos udon se disfrutan durante todo el año. En los días calurosos del verano, los fideos somen o soba con una salsa ponzu fría (véase p. 12) o la ensalada hiyashi chuka (véase p. 41) pueden ser muy refrescantes.

LOS SIETE MAGNÍFICOS

La elección de los fideos siempre es cuestión de gustos. La oferta de fideos japoneses ha crecido en Europa, y ahora es muy normal que los supermercados bien surtidos y los ecológicos dispongan de alguno de los siguientes tipos de fideos:

SOBA - FIDEOS DE TRIGO SARRACENO

Estos fideos, que van de un color claro hasta el marrón oscuro, a menudo se venden en porciones atadas con una tira de papel. Suelen presentar un agradable toque a frutos secos y un sabor característico muy aromático, no hay que añadirles mucho más. Están deliciosos tanto calientes como fríos.

UDON - FIDEOS DE TRIGO

El aspecto de estos fideos de trigo habitualmente gruesos revela su historia: originalmente, los udon eran bolitas que, cuando se fue desarrollando la cultura de los fideos, adquirieron su forma actual. Estos fideos sedosos tienen una delicada textura fundente y un mordisco agradable, y se pueden cocinar en casa o comprarlos precocidos y envasados.

SOMEN

Los finísimos somen son los preciados fideos de los templos budistas y los palacios imperiales. También son de harina de trigo y están emparentados con los udon; sin embargo, el proceso de elaboración y secado de estas delicadas bellezas requiere un mayor esfuerzo. Los somen suelen servirse fríos con salsas, aderezos y guarniciones, o utilizarse en ensaladas.

RAMEN

Estos fideos de trigo y huevo tienen su origen en la gastronomía china. Ahora se encuentran variedades casi infinitas de ramen, y muchas de ellas provienen de países como Corea del Sur o Australia. Merece la pena probar distintos tipos y estudiar la letra pequeña de los envases: los buenos fideos ramen tienen un intenso sabor a trigo y una consistencia elástica gracias al kansui, una mezcla de carbonato de potasio y de sodio (también E501/E500), que ayuda al desarrollo del gluten en la masa. Solo puede llamarse ramen a los fideos con kansui.

CHUKA SOBA, MIE Y YAKISOBA

Los fideos instantáneos secos y muchas veces rizados surgieron a partir de una idea del productor de alimentos Momofuku Ando, que en 1958 creó un método para freír fideos ramen que los hiciera más duraderos y acortara su cocción.

HARUSAME

Los fideos celofán japoneses se elaboran a partir de las féculas más variadas, como la de patata, la de maíz o la de los granos de soja verde.
La fécula se mezcla con agua y luego se pasa por una prensa de agujeros para obtener largos hilos que se meten en agua hirviendo y después se secan. Son muy versátiles como base para ensaladas, guarnición de guisos, en sukiyaki o fritos en nidos crujientes y cristalinos.

SHIRATAKI

Estos fideos se elaboran con la harina del tubérculo japonés konjac.
Se componen de un 97 % de agua y por eso no contienen grasa, gluten ni hidratos de carbono. Los shirataki tienen una textura muy agradable y absorben muy bien las salsas. Sus usos clásicos son en guisos oden (véase p. 130) y en sukiyaki (véase p. 147).

DOS PLATOS SENCILLOS DE UDON: KAKE UDON Y TSUKIMI UDON

La gastronomía japonesa se caracteriza por una delicada sencillez que no deja de fascinarme. A menudo hay un ingrediente protagonista, como en este caso los fideos udon. Servidos únicamente con un buen caldo y unos pocos ingredientes aromáticos, estos platos también invitan a disfrutar del magnífico sabor de estos fideos. ¿Cuándo fue la última vez que te concentraste en el gusto y la consistencia de un fideo? Acompáñame a la escuela de la atención a lo cotidiano.

Para 2 tazas o cuencos
Tiempo de elaboración: 20 minutos

Kake udon

- 40 g de fideos udon secos por persona (o 180 g de fideos udon precocinados por persona)
- 1 cebolleta fina
- ½ lámina de alga nori
- 400 ml de caldo vegetal
- 50 ml de dashi
- 4 cdas. de salsa de soja
- 2 cdas. de mirin
- sal
- opcional: vegetales tsukemono (véase p. 21)

Tsukimi udon

- 40 g de fideos udon secos por persona (o 180 g de fideos udon precocinados por persona)
- 1 cebolleta fina
- 400 ml de caldo vegetal
- 4 cdas. de salsa de soja
- 2 cdas. de mirin
- sal
- 2 huevos (a temperatura ambiente)

Kake udon

Hervir los fideos udon en abundante agua salada siguiendo las indicaciones del paquete. Los fideos precocidos solo necesitan reanimarse 2 minutos en el agua hirviendo. Limpiar la cebolleta, cortar en aros finos y pasar por agua fría en un colador. Cortar las láminas de alga nori primero en cintas anchas y luego en tiras finas.

Llevar a ebullición el caldo con el dashi, añadir la salsa de soja y el mirin, y volver a calentar sin hervir. Salar ligeramente si es necesario. Escurrir los fideos, aclarar con agua caliente en un colador, repartir en cuencos precalentados y rociar con el caldo. Decorar con la cebolleta fina y el nori, y, si se desea, acompañar con verdura tsukemono (en la imagen, rábano blanco, véase p. 21).

Tsukimi udon

Estos udon se sirven especialmente para el festival lunar Tsukimi: el huevo reposa entre los fideos blancos como la luna entre las nubes.

Preparar la sopa como se describe arriba, añadir un huevo a cada cuenco antes de servir y salar ligeramente. Tapar los cuencos con un plato durante 1 minuto para que el huevo se cueza un poco. La clara empezará a cuajar. A continuación, disfrutar de la sopa mojando los fideos en la yema.

Variantes

- Se puede infusionar en el caldo 1-2 láminas de jengibre fresco o un par de hojitas de cilantro durante un par de minutos, como si fuera un té.
- El caldo también puede condimentarse rápidamente con un poco de kaeshi (véase p. 102). 1-2 gotas de aceite de sésamo o aceite de ajo mayu casero (véase p. 103) también dan un toque elegante al aroma de la sopa caliente.

SHABU SHABU

Para la fondue tradicional japonesa en compañía, la carne y la verdura se hierven en caldo y se sirven con salsa ponzu y de sésamo para mojar. Esta es la versión vegetariana.

Para 4-6 personas
Tiempo de elaboración: 40 minutos

Para la salsa de sésamo

- 50 g de semillas de sésamo blanco tostado
- 50 ml de caldo vegetal
- 50 ml de dashi
- 1 cda. de salsa de soja clara
- 2 cdas. de sake
- 2 cdas. de crema de cacahuete sin endulzar (o tahini)

Para la salsa ponzu

- 1 lima
- 1 mandarina
- 1 limón
- 100 ml de salsa de soja
- 100 ml de dashi
- 20 g de alga kombu

Para la fondue

- 20 g de jengibre
- 800 ml de caldo vegetal
- 100 ml de dashi
- 50 ml de salsa de soja
- 50 ml de sake
- 50 ml de mirin
- 250 g de fideos udon precocidos
- opcional: aceite convencional y aceite de sésamo
- 1 manojo de espárragos verdes
- sal
- ¼ de col china
- 250 de setas variadas (en la imagen: champiñones y setas enoki)
- 1 puñado de brotes de soja
- 100 g de granos de edamame (o guisantes)
- 250 g de tofu condimentado preferido en láminas (en la imagen: tofu de algas)
- tsukemono
- Guarniciones encurtidas al gusto (en la imagen: jengibre [véase p. 75], rábano rojo [véase p. 22], shiitake kara ni [véase p. 118])

Para la salsa de sésamo, triturar el sésamo tostado con el resto de ingredientes hasta obtener una salsa cremosa.

Para la salsa ponzu, exprimir los cítricos, mezclar y medir 100 ml. Calentar en un cazo con la salsa de soja y el dashi. Pasar un paño húmedo por el alga kombu, hacer varios cortes superficiales e infusionar 1 minuto en la salsa ponzu. Retirar y dejar enfriar la salsa.

Para la fondue, cortar el jengibre en rodajas y llevar a ebullición con el caldo, el dashi, la salsa de soja, el sake y el mirin. Dejar cocer 1 minuto, retirar del fuego y dejar enfriar. Sacar el jengibre. Hervir los fideos udon siguiendo las instrucciones del paquete, cortar la cocción con agua fría y, si se desea, incorporar un poco de aceite y 2 gotas de aceite de sésamo.

Pelar el tercio inferior de los espárragos, cortar por la mitad a lo largo, luego cortar en dos y salar. Limpiar la col china, cortar en cuartos y picar en dados de bocado. Lavar las setas y picar. Lavar los brotes de soja y escurrir. Cocer los edamame 2 minutos en agua salada, luego cortar la cocción con agua fría. Cortar el tofu en láminas. Disponer junto con el resto de ingredientes en cuenquitos o en una fuente.

Cuando lleguen los invitados, llevar el caldo a ebullición y salar al gusto.
Si se desea, los fideos también se pueden servir por separado. Verter el caldo hirviendo en un recipiente de fondue y colocar en la mesa sobre la fuente de calor. Servir con los demás ingredientes preparados y las salsas. El caldo debería hervir suavemente todo el rato.

Variantes: crea tu propio shabu shabu

- El shabu shabu también admite otras verduras como tirabeques, maíz, setas shiitake, guisantes, cebolletas finas y tomates cherry. Solo hay que recordar picar los vegetales en trozos pequeños o de bocado.
- Las verduras especialmente duras como las rodajas de zanahoria, las tiras de pimiento, la coliflor o el brócoli deberían precocerse en agua salada durante unos minutos antes de servir (y cortar la cocción con agua fría); eso evitará que tarden mucho en hacerse en la mesa.

敬

¡CURRY! CON MUCHA VERDURA. *YASAI!*

El curry, en todas sus formas, es uno de los platos del día a día más populares en Japón. No viajó de la India a Japón, sino que llegó al país en 1870 con la introducción del curry en polvo británico, que se vendía como producto europeo. La gastronomía japonesa dio su propio toque al curry, y así surgió un plato afrutado y suave que se engorda con la cocción para que resulte más fácil comerlo a cucharadas con el arroz (efectivamente, el curry en Japón también se come con cuchara). El «karé» japonés es todo un descubrimiento. Requiere algo de trabajo, pero es delicioso.

Para 4 personas
Tiempo de elaboración: 45 minutos

Para la salsa

- 2 cebollas
- sal
- aceite vegetal
- 2 cdtas. de curry en polvo suave
- 1 cdta. de garam masala
- 20 g de harina
- 2 cdas. de concentrado de tomate
- 500 ml de caldo vegetal frío (!)
- 100 ml de dashi
- 50 ml de sake
- 2 cdas. de sirope de jengibre (o mirin)
- zumo de 1 naranja

- 2 zanahorias
- 100 g de guisantes congelados
- 1 mazorca de maíz
- 100 g de brócoli
- 1 pimiento rojo
- 4 hojas de col china
- 8 setas shiitake pequeñas
- arroz cocido
- tsukemono (véase p. 21)

Salsa

Pelar las cebollas, picar en dados y salar. Dorar en una cazuela con 3 cdas. de aceite caliente. Espolvorear el curry y el garam masala y mezclar. Añadir la harina y el concentrado de tomate. Incorporar el caldo frío y el dashi con unas varillas, y finalmente el sake, el sirope de jengibre y el zumo de naranja. Llevar a ebullición y dejar hervir suavemente destapado 5 minutos. Retirar del fuego y salar.

Pelar las zanahorias y picar en «triángulos» de bocado que acaban en punta al estilo Rangiri (70 grados), girando las zanahorias después de cada corte. Salar las zanahorias y los guisantes. Cocer la mazorca de maíz en agua abundante sin sal durante 8 minutos (sin sal los granos quedan más jugosos). Tras 2 minutos, añadir las zanahorias, y tras 4 minutos, los guisantes. Escurrir la verdura y cortar la cocción con agua fría. Cortar el maíz en 6 trozos.

Picar el brócoli en trozos de bocado y salar. Retirar las semillas y las partes blancas del pimiento, picar y salar. Limpiar la col china, cortar en cuartos, picar en dados de bocado y salar. Retirar el pie de las setas shiitake y cortar los sombreros por la mitad.

Calentar 4 cdas. de aceite en un wok o una sartén grande, y saltear el brócoli y el pimiento 3-4 minutos a fuego fuerte sin dejar de remover. Añadir la col y las setas y cocinar 3-4 minutos más. Mezclar todas las verduras con la salsa en la cazuela, llevar a ebullición y dejar hervir suavemente destapado 6-8 minutos. Servir con arroz y los tsukemono preferidos (en la imagen: pepinillos gigantes [véase p. 25]).

Variantes

- También está delicioso con otras verduras de temporada como calabaza, calabacín, puerro o coliflor. Si no tienes claros los tiempos de cocción, hierve o saltea la verdura que elijas por separado hasta que esté al punto.
- La salsa puede prepararse por sí sola, llevarse a ebullición y triturarse para acompañar brochetas yakitori y verdura a la parrilla (véase p. 168) o tortillas okonomiyaki (véase p. 185).

JAGA IMO MISO NI - PATATAS EN MISO

«Patatas en miso» es el sencillo nombre de este alimento para el alma, que tradicionalmente se sirve con ocra. He añadido calabaza y nabo, pero no es más que una sugerencia para acompañar la patata en este guiso: el miso acoge cualquier combinación posible.

Para 4 personas
Tiempo de elaboración: 35 minutos

- 500 g de patatas pequeñas para guisar
- 250 g de calabaza Hokkaido
- 4 nabos
- 1 cebolleta fina
- 600 ml de caldo vegetal
- 200 ml de dashi
- 2 cdtas. de pasta de miso roja o marrón
- 2 cdtas. de pasta de miso clara
- 1 cdta. de aceite vegetal
- 6-8 vainas de ocra
- sal

Pelar las patatas, cortar en cuartos y sumergir en agua fría. Cortar la calabaza primero a lo largo y después en rodajas gruesas. Pelar los nabos y cortar en cuartos, redondear las esquinas. Limpiar la cebolleta, cortar en diagonal en rodajas finos y meter en agua fría.

Mezclar el caldo, el dashi, el miso y el aceite en una cazuela y llevar a ebullición. Hervir a fuego lento las patatas, la calabaza y los nabos 10-12 minutos con la tapa puesta. Mientras tanto cortar en diagonal la ocra y hervir en agua salada 3 minutos.

Salar ligeramente el guiso y servir con la ocra y la cebolleta escurridas.

<u>Variantes</u>

- Puedes utilizar otras pastas de miso al gusto, o usar solo una.
- También puedes variar las verduras, por ejemplo para aprovechar restos de alguna.
- Este guiso queda delicioso con una pizca adicional de curry en polvo y cilantro fresco picado.
- Si lo deseas, puedes rematar el plato con furikake (véase p. 60).
- Pueden sacarse a la mesa condimentos picantes como la pasta de guindilla y jengibre o el aceite picante rayu (véase p. 103).

SUKIYAKI

El sukiyaki es un plato clásico a medio camino entre el estofado y el guiso: los ingredientes siempre se añaden en un orden determinado y se van cocinando hasta obtener un sabor pleno. Originalmente se trata de un plato de carne de ternera, pero en este caso son las setas shiitake y el tofu ahumado las que se cocinan junto con la aromática cebolla en la clásica salsa warishita. Esta también aporta su carácter auténtico y bastante dulce a esta versión vegetariana.

Para 4 personas
Tiempo de elaboración: 40 minutos (¡más el tiempo de salar la col china la noche anterior!)

Para la salsa warishita

100 ml de sake
50 ml de mirin
1 cda. de azúcar
50 ml de salsa de soja clara
50 ml de dashi
100 ml de caldo vegetal

Para el sukiyaki

6 hojas de col china
sal
110 g de fideos harusame (o 200 g de fideos shirataki, véase variante)
8 setas shiitake
100 g de tofu ahumado (u otro tofu)
100 g de espinaca baby
50 g de puerro lo más tierno posible
1 cebolla
4 cdas. de aceite vegetal
100-150 g de rábano rojo rápido (véase p. 22)
4 yemas de huevo

La noche anterior, limpiar las hojas de col china, salar aún mojadas, masajear ligeramente y dejar que se ablanden en un recipiente tapado de un día para otro. Al día siguiente, para la salsa warishita, llevar a ebullición el sake y el mirin y mezclar con el azúcar, la salsa de soja, el dashi y el caldo vegetal. Llevar de nuevo a ebullición y retirar del fuego.

Cubrir los fideos con agua hirviendo en un recipiente metálico y dejar hidratar 10 minutos. Después aclarar con agua fría en un colador y reservar.

Retirar el pie de las setas shiitake y cortar los sombreros en rodajas. Cortar el tofu en láminas. Limpiar las espinacas y escurrir con un centrifugador. Picar el puerro en rodajas finas en diagonal, limpiar, secar y salar. Aclarar con agua fría la col china de la noche anterior, secar y cortar en tiras.

Pelar la cebolla, cortar por la mitad y picar en rodajas finas. Calentar el aceite en una cazuela ancha y antiadherente con paredes altas o en un wok. Dorar la cebolla en el aceite y apartar a un lado. Dorar las setas shiitake y los trozos de tofu sin dejar de remover. Desglasar con un poco de salsa warishita. Apartar a un lado y dorar el puerro, añadir un poco más de salsa. Apartar también y saltear brevemente la col china. Echar un poco más de salsa, llevar a ebullición y apartar a un lado. Añadir las espinacas y remover hasta que pierdan volumen, volver a echar salsa.

Incorporar los fideos a la sartén, verter el resto de la salsa y cocinar 2-3 minutos más con la tapa puesta (!). Servir el sukiyaki con rábano rojo escurrido. En Japón lo tradicional es comerlo con palillos, acompañado de un cuenquito individual con una yema de huevo cruda en la que se moja cada bocado antes de comerlo.

Variantes

- También se pueden usar fideos shirataki, presentes ya en algunos supermercados, pero también en los ecológicos o en las tiendas asiáticas. Los fideos shirataki ya están listos para servir, solo hay que escurrirlos y añadirlos al plato.
- Una guarnición clásica para el sukiyaki es el rábano blanco fresco rallado fino, que resulta muy refrescante aderezado sutilmente con un poco de zumo de lima.

本宮祭

Donburi y boles

CHIRASHI EN BOL

Para el práctico chirashi sushi, el arroz acidulado se acompaña tradicionalmente de típicos ingredientes de sushi, también vegetarianos, como por ejemplo brotes de bambú, tamagoyaki y tofu frito. En su versión clásica, el chirashi sushi se dispone y se sirve directamente en el hangiri, el recipiente de madera japonés en el que se enfría y se condimenta el arroz para sushi. Con la llegada de los *buddha bowls* y *healthy bowls*, incluso los comensales más tradicionales pueden disfrutar de las posibilidades de estos boles coloridos: sobre una cama de arroz condimentado se combinan las verduras frescas y cocinadas más variadas, junto con verduras encurtidas tsukemono y salsas de todo tipo. Las sobras de días anteriores siempre son bienvenidas a la fiesta de chirashi; ¡esta receta no es más que una sugerencia de presentación!

Para 2 personas
Tiempo de elaboración: 40 minutos
(más 30 minutos de reposo del arroz)

Para el arroz

200 g de arroz para sushi
opcional: 1 trozo de alga kombu de aprox. 4 × 6 cm
1 cda. de vinagre de arroz
1 cdta. de azúcar
5 g de sal

Para la mayonesa de sésamo

50 g de semillas de sésamo blanco tostado
50 ml de dashi
1-2 cdtas. de zumo de limón
100 g de mayonesa (Kewpie)
opcional: 2-3 gotas de aceite de ajo tostado mayu (véase p. 103)

Guarniciones propuestas

1 pepino pequeño ecológico (o ¼ pepino de ensalada ecológico)
sal
vinagre de arroz
1 aguacate
1 cebolleta fina
1 tira de lámina de alga nori
80 g de judías verdes
2 cdas. de aceite vegetal
100 g de tofu en rodajas gruesas
1 cda. de salsa de soja
1 cda. de miel
pimienta negra recién molida
gomasio (véase p. 60)
tsukemono (p. ej. menma [véase p. 121], rábano rojo [véase p. 22], jengibre [véase p. 75])
hojas de daikon y shiso
salsa shoyu Paul-san (véase p. 75)

Lavar el arroz siguiendo las indicaciones de la receta básica de la p. 72. Una vez escurrido, dejar reposar en el colador durante 30 minutos. Después triturar todos los ingredientes para la mayonesa de sésamo (excepto la Kewpie) y luego mezclar con esta. Probar el punto de sal.

Pelar el pepino a rayas, salar, condimentar con un chorrito de vinagre y reservar. Cortar el aguacate por la mitad, retirar el hueso, cortar la carne en rodajas, salar ligeramente y rociar con un poquito de vinagre. Limpiar la cebolleta, cortar en aros finos y meter en agua fría.

En una cazuela antiadherente con tapa, poner el arroz junto con 200 ml de agua y el kombu si se desea (véase consejo en p. 71), tapar y llevar el arroz a ebullición. Bajar el fuego y dejar hervir a fuego lento hasta que el arroz haya absorbido toda el agua, unos 15 minutos. ¡No levantar la tapa ni una sola vez durante toda la cocción!

Retirar el arroz del fuego y dejar reposar tapado otros 10 minutos. Mientras tanto, mezclar bien el vinagre de arroz con el azúcar y la sal. Rociar el arroz con el vinagre para condimenta, y esponjar con cuidado. Retirar el alga kombu si se ha usado. A continuación, o bien mantener caliente el arroz en la cazuela tapada, o abrir para enfriar ligeramente y dejar que la humedad se evapore.

Mientras tanto, cortar el alga nori en tiras. Lavar las judías y cocer 8 minutos en agua salada. Calentar el aceite en una sartén y dorar el tofu 2-3 minutos por cada lado. Mezclar la salsa de soja con 1 cda. de agua y la miel, añadir, dejar que hierva y retirar del fuego. Salpimentar el tofu.

Repartir el arroz en boles. Escurrir las judías y dispone sobre el arroz, sazonar con gomasio. Disponer el pepino y decorar con nori. Colocar el aguacate y los vegetales encurtidos. Decorar con las hojas y servir con mayonesa de sésamo o salsa shoyu.

TAKIKOMI GOHAN

Arroz con cosas a la japonesa: un plato sencillo de diario que puede adaptarse al gusto de cada uno y a lo que se encuentre en el mercado. También sirve para aprovechar sobras de verdura, tubérculos, setas y hierbas. Para este plato, la verdura se cuece sobre el arroz, y luego se sirve todo mezclado.

Para 2 personas
Tiempo de elaboración: 35 minutos (más 30 minutos de reposo del arroz)

200 g de arroz para sushi
1 zanahoria
sal
6 setas shiitake pequeñas
80 g de coliflor
1 cebolleta fina
opcional: 6 empanadillas fritas en conserva (inari zushi no moto, aprox. 100 g)
100 ml de dashi
4 cdas. de salsa de soja
1 cda. de mirin
80 g de granos de edamame (o guisantes)

Antes de cocer el arroz, lavarlo siguiendo las indicaciones de la receta básica de la p. 72. Una vez escurrido, dejar reposar en el colador durante 30 minutos.

Pelar la zanahoria, cortar en cuartos a lo largo, picar en dados y salar. Cortar el pie de las setas shiitake y picar los sombreros en ocho trozos. Picar la coliflor en floretes y salar. Limpiar la cebolleta, cortar en diagonal en rodajas finas y meter en agua fría. Si se desea, sumergir brevemente las empanadillas de tofu en agua hirviendo, aclarar con agua fría y, una vez secas, cortar en tiras.

Poner el arroz con 175 ml de agua tibia, el dashi, la salsa de soja y el mirin en una cazuela (a poder ser antiadherente) con tapa (véase consejo en p. 71). Repartir la verdura (y las tiras de tofu) sobre el arroz. Tapar y llevar a ebullición.

Bajar el fuego y dejar hervir a fuego lento hasta que el arroz haya absorbido toda el agua, unos 15 minutos. ¡No levantar la tapa ni una sola vez durante la cocción!

Añadir los edamame y volver a tapar rápidamente. Retirar la cazuela del fuego y dejar reposar tapado otros 10 minutos.

Mezclar todo y servir en cuencos precalentados decorado con la cebolleta fina escurrida.

Variantes

- La verdura picada puede variar; en Japón, el takikomi gohan también suele prepararse con alga hijiki (hidratar previamente 30 minutos en agua caliente, escurrir y cocer junto con el arroz), brotes de bambú, brotes de soja, castañas o moluscos. Este plato también puede servirse con huevos revueltos o decorarse con cilantro fresco picado.

SEKIHAN

Este arroz rojo con judías azuki se considera un símbolo de buena suerte y suele servirse en festividades. El arroz debe su elegante tono rojizo al agua de cocción de las judías azuki, que se cuecen la víspera y se enfrían en esa misma agua para obtener un tono especialmente intenso. El arroz está delicioso condimentado únicamente con gomasio o como guarnición para otros platos.

Para 2-4 personas
Tiempo de elaboración: 35 minutos (más tiempo para cocer las judías la víspera)

- 80 g de judías rojas
- 200 g de arroz para sushi
- 100 ml de dashi
- 25 g de mantequilla
- 1 cda. de aceite vegetal
- 2 cdas. de gomasio blanco y negro (véase p. 60)
- 1 bandeja de hojas de shiso

Poner a remojo las judías la víspera durante 2 horas. Escurrir el agua, cubrir las judías con agua cinco dedos por encima en una cazuela y hervir 20 minutos. Dejar enfriar las judías en el agua de cocción de un día para otro.

Antes de cocerlo, lavar el arroz siguiendo las indicaciones de la receta básica de la p. 72. Una vez escurrido, dejar reposar en el colador durante 30 minutos.

Escurrir las judías, recoger el agua rojiza de cocción y medir 250 ml, o añadir agua hasta obtener 250 ml. Añadir el dashi. Poner este líquido con las judías y el arroz en una cazuela (a poder ser antiadherente) con tapa (véase p. 71). Tapar y llevar a ebullición.

Bajar el fuego y dejar hervir a fuego lento hasta que el arroz haya absorbido toda el agua, unos 15 minutos. ¡No levantar la tapa ni una sola vez durante la cocción!

Derretir la mantequilla con el aceite y retirar la cazuela del fuego. Rociar el arroz con la mezcla de aceite y mantequilla, volver a tapar rápidamente y dejar reposar tapado otros 10 minutos.

Mezclar todo (la consistencia es más cremosa que la de los demás platos de arroz de este capítulo), servir en cuencos precalentados y espolvorear con gomasio y hierbas.

KINOKO GOHAN

Para este plato, las setas frescas se cuecen sobre el arroz, de forma parecida a las verduras del takikomi gohan (véase p. 153). Sin embargo, como me gustan los aromas tostados de las setas, también las salteo mientras el arroz se cuece en la cazuela.

Para 2 personas
Tiempo de elaboración: 30 minutos
(más 30 minutos de reposo del arroz)

200 g de arroz para sushi
275 ml de dashi de shiitake (véase p. 111)
4 cdas. de salsa de soja
1 cda. de mirin
15 g de setas shiitake secas (o boletus, colmenillas, setas silvestres variadas)
300 g de setas variadas
4 espárragos verdes
sal
mantequilla en pomada*
2 cdas. de aceite vegetal

Antes de cocerlo, lavar el arroz siguiendo las indicaciones de la receta básica de la p. 72. Una vez escurrido, dejar reposar en el colador durante 30 minutos.

Poner el dashi con la salsa de soja y el mirin en una cazuela ancha y antiadherente con tapa (véase consejo en la p. 71), calentar hasta que empiece a humear (sin hervir), cortar las setas secas en tiras finas con tijeras e infusionar en el líquido de cocción mientras el arroz reposa.

Limpiar las setas frescas y cortar en trozos de bocado. Pelar el tercio inferior de los espárragos, cortar en cuartos y salar.

Añadir el arroz al líquido de cocción. Tapar y llevar a ebullición. Bajar el fuego y dejar hervir a fuego lento hasta que el arroz haya absorbido toda el agua, unos 15 minutos. ¡No levantar la tapa ni una sola vez durante toda la cocción!

Incorporar 1 cda. de mantequilla al arroz y volver a tapar rápidamente. Retirar la cazuela del fuego y dejar reposar tapado otros 10 minutos.

Calentar el aceite en una sartén grande antiadherente y saltear los espárragos y las setas 4-5 minutos. Añadir 1 cdta. de mantequilla, voltear y salar. Remover un poco el arroz y disponer en platos precalentados con las setas y los espárragos.

Más datos: *¿Cómo? ¿Mantequilla? ¡Pues sí! Efectivamente, en Japón también se elabora mantequilla, y la leche suele provenir del norte de Hokkaido. Lo más habitual es que solo se use para bollería o dulces, pero en los meses fríos también suele agradecerse como añadido en los reconfortantes ramen.

KURI GOHAN CON FRUTOS SECOS Y GARBANZOS

El kuri gohan es un arroz otoñal con castañas que, sin embargo, son difíciles de conseguir si se buscan de buena calidad; con mi combinación de arroz integral, garbanzos y nueces de macadamia tostadas, el sabor de este clásico puede conseguirse fácilmente y en cualquier época del año.

Para 2 personas
Tiempo de elaboración: 40 minutos (más 30 minutos de reposo del arroz)

- 200 g de arroz integral de grano largo
- 50 g de nueces
- 50 g de nueces de macadamia
- aceite vegetal
- sal
- 1 lata de garbanzos de 400 g
- 1 cdta. de pasta de miso oscuro (p. ej. hatcho miso, véase p. 117)
- 3 cdas. de salsa de soja
- 1 cdta. de mirin
- 15 g de jengibre
- opcional: 1 puñado de hojas de remolacha
- 1 cdta. de semillas de sésamo negro, tostadas
- 2-4 ciruelas ume*

Antes de cocerlo, lavar el arroz siguiendo las indicaciones de la receta básica de la p. 72. Una vez escurrido, dejar reposar en el colador durante 30 minutos.

Partir las nueces en trozos grandes, dorar ligeramente junto con las nueces de macadamia en una sartén con 2 cdas. de aceite y salar ligeramente. Aclarar los garbanzos con agua fría y dejar escurrir en un colador.

Mezclar 275 ml de agua tibia con el miso, la salsa de soja y el mirin. Poner junto con el arroz en una cazuela (a poder ser antiadherente) con tapa (véase p. 71). Repartir los garbanzos y los frutos secos por encima del arroz. Tapar y llevar el arroz a ebullición. Bajar el fuego y dejar hervir a fuego lento hasta que el arroz haya absorbido toda el agua, aprox. 20 minutos. ¡No levantar la tapa ni una sola vez durante toda la cocción!

Pelar el jengibre y rallar fino, mezclar con 2 cdas. de aceite. Retirar la cazuela del fuego. Rociar el arroz con la mezcla de aceite y jengibre, volver a tapar rápidamente y dejar reposar tapado otros 10 minutos.

Mezclar todo y repartir en cuencos precalentados; si se desea, decorar con hojas de remolacha y sésamo negro tostado, y servir con ciruelas ume.

Variantes

- Pueden usarse otros frutos secos, y la receta será aún más rápida con nueces ya tostadas y saladas.
- En lugar de hojas de remolacha, el plato también puede decorarse con hojas de shiso o un poco de rúcula.
- En lugar de sésamo negro, también puede tostarse sésamo blanco, o espolvorear el plato con un poco de gomasio o furikake (véase p. 60).

Más datos: Las ume o umeboshi* son ciruelas japonesas que se cosechan aún verdes, se encurten con hojas de shiso y se secan, y tienen un refrescante sabor ácido y salado. Suelen venderse en la zona de refrigerados o congelados de las tiendas asiáticas o en internet. En Japón se disfrutan a modo de tentempié saludable para el desayuno, aunque también son muy populares los ume onigiri (véase p. 97).

KATSUDON

La versión japonesa del filete empanado surge en la cocina Yoshoku, que nació en el s. XIX inspirada por los inmigrantes occidentales. Los filetes delgados con un ligero rebozado de panko se sirven con ensalada de col en un plato llamado tonkatsu, sobre una tostada en el sándwich katsu sando o, como en este caso, en forma de katsudon, una especialidad donburi*, con filete de seitán. Siempre acompañado de la sabrosa y afrutada salsa agridulce tonkatsu.

Para 2 personas
Tiempo de elaboración: 35 minutos
(más 30 minutos de reposo del arroz)

Para el arroz

200 g de arroz para sushi
75 ml de dashi de shiitake (véase p. 111)
sal

Para la ensalada de col

½ col puntiaguda pequeña
sal
20 g de jengibre
2-3 cdas. de vinagre de arroz (o vinagre de vino blanco)
1-2 cdas. de sirope de jengibre (o sirope de arce o miel)
1 cda. de aceite vegetal

Para la salsa tonkatsu

100 g de kétchup
20 g de pasta de tamarindo (o 2 cdas. de mermelada de ciruela con un chorrito de vinagre de vino blanco)
2 cdas. de kaeshi (véase p. 102, o 2 cdas. de salsa de soja dulce/endulzada)

Para los filetes

200 g de seitán (o tofu firme)
2 cdas. de dashi (o salsa de soja)
3 cdas. de harina
1 huevo
150 g de pan rallado panko (o pan rallado común)
aceite vegetal

Lavar el arroz siguiendo las indicaciones de la receta básica de la p. 72. Una vez escurrido, dejar reposar en el colador durante 30 minutos.

Retirar el troncho y las hojas duras del exterior de la col, cortar en tiras lo más finas posibles y salar. Pelar el jengibre, rallar fino y mezclar con la col junto con el vinagre y el sirope de jengibre. Dejar reposar tapado durante 20 minutos. Incorporar el aceite a la ensalada.

Para la salsa, mezclar el kétchup con la pasta de tamarindo y el kaeshi.

En una cazuela antiadherente con tapa, poner el arroz junto con 200 ml de agua y el dashi (véase consejo en p. 71), tapar y llevar el arroz a ebullición. Bajar el fuego y dejar hervir a fuego lento hasta que el arroz haya absorbido toda el agua, aprox. 15 minutos. ¡No levantar la tapa ni una sola vez durante la cocción!

Cortar el seitán en rodajas y marcar una cruz. Untar con dashi, enharinar, sacudir y sumergir en el huevo batido. Pasar por el panko y presionar bien para que el pan rallado se pegue.

Retirar el arroz del fuego y dejar reposar tapado otros 10 minutos. Luego esponjar el arroz con cuidado y salar ligeramente. A continuación, o bien mantener caliente el arroz en la cazuela tapada, o abrir para enfriar ligeramente y dejar que la humedad se evapore.

Cubrir el fondo de una sartén grande con aceite y calentar, freír los filetes a fuego moderado 3-4 minutos por cada lado hasta que se doren. Escurrir en papel de cocina, salar ligeramente y servir con la salsa tonkatsu y la ensalada de col, acompañado de arroz.

Más datos: Los donburi* son cuencos de arroz acompañados de todo tipo de ingredientes. El katsudon con filete suele tomarse mucho antes de los exámenes: ¡la palabra *katsu* suena igual que el verbo «ganar»!

TEMPURA DON

Un donburi con crujiente verdura en tempura sobre un delicioso arroz acidulado, acompañado de una ligera mayonesa picante. En este caso he elegido verdura otoñal e invernal, pero puede cambiarse en función de la época. He incluido dos recetas de masa de tempura para elegir.

Para 2 personas
Tiempo de elaboración: 35 minutos (más 30 minutos de reposo del arroz)

Para el arroz

200 g de arroz para sushi
opcional: 1 trozo de alga kombu de aprox. 4 × 6 cm
1 cda. de vinagre de arroz
1 cdta. de azúcar
5 g de sal

Vegetales

8 setas shiitake pequeñas
8 pimientos shishito o de Padrón
2 puntas de cebolleta fina
2 hojas de col de Saboya
4 raíces de escorzonera cocidas
sal

Mayonesa picante

(véase p. 84)

Masa de tempura (clásica)

aceite para freír
1 yema de huevo
aprox. 200 ml de agua muy fría
120 g de harina y un poco más

Masa de tempura (sin huevo)

aceite para freír
100 g de harina y un poco más
50 g de maizena
aprox. 200 ml de agua muy fría

Arroz

Preparar el arroz como se describe en la receta básica de la p. 71, pero con la mitad de las cantidades indicadas a la derecha y 275 ml de agua.

Mientras se cuece el arroz, preparar la verdura. Cortar el pie de las setas shiitake. Cortar los pimientos y las cebolletas por la mitad a lo largo, y las hojas de col y las raíces de escorzonera en trozos de bocado. Salar la verdura.

Masas de tempura

Calentar el aceite para freír en una cazuela alta y estrecha. Mientras se caliente el aceite, preparar la masa. Para la masa clásica de tempura, mezclar la yema de huevo con el agua, luego incorporar la harina. Si se opta por la tempura sin huevo, mezclar la harina y la maizena, y luego incorporar el agua. Hacerlo así: remover siempre con palillos o tenedor, no con varillas, ¡porque es mejor que quede un poco «torpe»! La masa puede y debe tener algunos grumitos y burbujas de harina; esa es la diferencia entre la tempura y otros rebozados más pesados y envolventes.

El aceite habrá alcanzado la temperatura perfecta cuando una gota de masa se hunda enseguida hasta el fondo y después ascienda rápidamente otra vez, y el aceite burbujee en los bordes de la gota.

Enharinar ligeramente la verdura por tipos, sacudir la harina sobrante y después pasar por la masa. Escurrir y freír pocos minutos en el aceite, lo ideal es que el rebozado casi no coja color. Escurrir brevemente en papel de cocina, salar y servir sobre arroz caliente con mayonesa picante.

Variantes

- Para la tempura puede utilizarse casi cualquier verdura, solo hay que evitar vegetales con un alto contenido en agua como el tomate o el pepino. Y siempre hay que cortarlas en trozos de bocado.
- La verdura en tempura también es deliciosa sin arroz, acompañada de los ingredientes clásicos del sushi: wasabi, jengibre y salsa shoyu para untar (véase p. 75). Incluso con otras salsas como la mayonesa de sésamo (véase p. 150) o la salsa ponzu (véase p. 12).

KAKIAGE GOHAN

El kakiage («tempura variada») puede prepararse con verdura fresca, por supuesto, pero también permite hacer brillar de nuevo la verdura y el arroz del día anterior: una delicada masa crujiente lo aglutina todo, y se sirve en un aromático caldo.

Para 4 buñuelos
Tiempo de elaboración: 40 minutos

Para la masa de tempura (con sake)

1 huevo
sal
50 g de agua helada
50 ml de sake
60 g de harina

Además

150 g de arroz del día anterior (o recién cocido y enfriado)
200 g de verdura (p. ej. pimientos, shiitake, espárragos verdes, puerro, edamame, guisantes...) picada en tiras o trocitos
250 ml de caldo vegetal
50 ml de dashi
4 cdas. de salsa de soja
aceite vegetal

Masa de tempura (con sake)

Separar el huevo, montar la clara con una pizca de sal con la batidora de varillas y enfriar. Mezclar de forma homogénea el agua helada con el sake y la yema. Tamizar la harina e incorporar rápidamente con unas varillas.

Añadir el arroz y la verdura a la masa, salar e incorporar suavemente la clara con movimientos envolventes. Calentar en una cazuela el caldo con el dashi y la salsa de soja sin que hierva.

Calentar el aceite en una sartén antiadherente y freír 4 buñuelos dorados con porciones de la mezcla de masa y verdura. Primero 2-3 minutos por un lado, dar la vuelta, y otros 2-3 minutos por el otro lado. Salar y servir inmediatamente en el caldo caliente.

Variantes

- Los kakiage también quedan perfectos con una sola verdura, por ejemplo pimientos o guisantes. Se pueden hacer kakiage de espinacas con hojas cocidas, escurridas y condimentadas, o una versión con setas salteadas.
- A la verdura y el arroz se les puede añadir alga hijiki cocida o alga wakame picada en juliana.
- Los kakiage pueden prepararse rápidamente en el día a día con verdura congelada: hay que descongelarla primero y dejarla escurrir en un colador o sobre un paño de cocina.
- Servidos sin caldo, por ejemplo con lechuga, salsas y tsukemono (véase p. 21), los kakiage se convierten en un plato veraniego.
- En lugar de arroz, también pueden hacerse con restos de fideos.

A la sartén y a la parrilla

KUSHIYAKI DE SETAS Y PUERRO

Las kushiyaki (brochetas variadas) en este caso llevan puerro, setas y la clásica salsa yakitori (tare), que aporta sabor durante y también después de la cocción.

Para 6 brochetas, aprox. 250 ml de tare
Tiempo de elaboración: 30 minutos (más tiempo de cocción del tare, dependiendo del tamaño del cazo)

Para el yakitori tare

200 ml de salsa de soja
200 ml de mirin
100 ml de sake
30 g de jengibre fresco, pelado y en láminas
2-3 dientes de ajo, pelados

Para las brochetas

2 puerros tiernos
24 champiñones marrones y blancos pequeños
aceite vegetal

Yakitori tare

Reducir todos los ingredientes del tare en un cazo destapado a fuego suave hasta la mitad de su volumen. Dejar templar esta salsa densa y verter por un colador a un frasco limpio con cierre de rosca. El tare se conserva fresco varias semanas en la nevera.

Brochetas

Limpiar el puerro, cortar en trozos de 3-4 cm de largo e insertar en brochetas junto con los champiñones lavados.

A la parrilla

Las brasas tienen que ser uniformes y estar cubiertas por una capa de ceniza blanca. Untar ligeramente de aceite la rejilla o la plancha con ayuda de un paño de cocina. ¡Cuidado, estará caliente! Colocar encima las brochetas y asar durante 6-8 minutos girando de vez en cuando.

A la sartén

Calentar 3 cdas. de aceite en una sartén antiadherente y dorar las brochetas a fuego moderado 6-8 minutos por todos los lados.

Durante los últimos 1-2 minutos, untar las brochetas con un poco de tare. Al final, untar de nuevo con tare antes de servir.

Consejo

Esta salsa queda bien con todo tipo de verdura a la parrilla, y también es perfecta para condimentar tofu o seitán a la parrilla o a la sartén. Pero el tare tiene aún más aplicaciones: 1-2 cdtas. condimentan y realzan guisos y estofados.

YAKI NASU DE BERENJENA Y SETAS CON MISONESA DE TOFU

Condimentadas únicamente con dashi y sal, en estas brochetas se impone el sabor característico de la verdura. La guinda del pastel es la cremosa misonesa de tofu, que no lleva huevo y queda muy bien con muchos platos a la parrilla.

Para 6 brochetas, misonesa para 4-6 personas
Tiempo de elaboración: 35 minutos

Para las brochetas

1 pimiento verde
sal
1 berenjena china
5 cdas. de dashi
2 setas de cardo
aceite vegetal

Para la misonesa con tofu

1 cdta. colmada de mostaza picante
1 cdta. de pasta de miso clara
1 cda. de zumo de limón
150 g de tofu sedoso
50 ml de aceite vegetal
1-2 cdas. de aceite picante rayu (véase p. 103, o salsa picante preferida)

Brochetas

Cortar el pimiento en cuartos, retirar las semillas y las partes blancas, picar en trozos de bocado, salar y reservar. Cortar la berenjena en trozos de 1-2 cm de ancho y macerar en el dashi. Cortar las setas de cardo en trozos de más o menos 1 cm de ancho y salar. Insertar todo de forma alterna en 6 brochetas.

Misonesa con tofu

Triturar la mostaza con la pasta de miso, el zumo de limón y el tofu sedoso hasta obtener una crema. Seguir batiendo e ir incorporando el aceite y el aceite picante en un chorro fino. Enfriar.

A la parrilla

Las brasas tienen que ser uniformes y estar cubiertas por una capa de ceniza blanca. Untar ligeramente de aceite la rejilla o la plancha con ayuda de un paño de cocina. ¡Cuidado, estará caliente! Colocar encima las brochetas y asar durante 6-8 minutos girando de vez en cuando.

A la sartén

Calentar 3 cdas. de aceite en una sartén antiadherente y dorar las brochetas a fuego moderado 6-8 minutos por todos los lados. Servir las brochetas con la misonesa.

Consejo

Prueba esta misonesa con unas patatas fritas, tu próximo sándwich o una hamburguesa, ¡impresionante!

MAÍZ Y ZANAHORIAS CON MANTEQUILLA DE DOS MANERAS

Estas mantequillas son auténticos potenciadores de sabor umami, perfectos para la próxima barbacoa. Se preparan muy fácilmente.

Para un rollo de mantequilla de aprox. 200 g de cada tipo
Tiempo de elaboración: 30 minutos

Para la mantequilla de miso y nori

- 2 cdas. de aonori (copos de algas)
- 1 cda. de pasta miso clara
- 1 cdta. de ralladura de limón ecológico
- 200 g de mantequilla en pomada
- sal marina

Para la mantequilla de koji

- 1-2 cdas. de shio koji (véase p. 33)
- 1 cdta. de ralladura de limón ecológico
- 200 g de mantequilla en pomada

Para ambas versiones, mezclar primero todos los ingredientes a conciencia y después añadir también un poco de sal marina a la de miso.

Enrollar cada una en un trozo de papel de hornear, girar los extremos como si fuera un caramelo y enfriar en la nevera hasta el momento de usar, o congelar hasta la próxima barbacoa.

Maíz a la parrilla
Antes de la barbacoa, hervir 1-2 mazorcas de maíz por persona, sin retirar la parte verde, en abundante agua sin sal (!) durante 8 minutos. Sacar y dejar enfriar. Luego asar a la parrilla a temperatura baja 6-8 minutos, girando de vez en cuando. No importa si las hojas se ennegrecen, el tostado natural aporta un magnífico aroma. Servir con la mantequilla de miso y nori.

Zanahorias a la parrilla/a la sartén
Pelar las zanahorias, salar y cocinar al vapor en un colador tapado sobre agua hirviendo durante 8-10 minutos. Cortar la cocción con agua fría o utilizar directamente. Untar poco a poco con pequeñas dosis de aceite. En una sartén o sobre una plancha en la barbacoa, dorar a baja temperatura, añadir la mantequilla de koji, mezclar y servir.

Consejo
Estas mantequillas son un acompañamiento universal, y también realzan los sabores de salteados de verduras o platos de arroz.

BROCHETAS DE SHIITAKE Y TOFU CON PESTO DE EDAMAME

Las sabrosas setas shiitake y el tofu ahumado aportan un gran aroma de parrilla a la brocheta, y el pesto de edamame es todo un descubrimiento.

Para 4 brochetas
Tiempo de elaboración: 25 minutos

Para el pesto de edamame

1 diente de ajo pequeño
150 g de granos de edamame* (más 50 g opcionales para decorar)
1 cda. de dashi
8 cdas. de aceite vegetal
gomasio (véase p. 60)
opcional: sal

Para las brochetas

1 cebolleta fina
200 g de tofu ahumado
16 setas shiitake
aceite vegetal
tare (véase p. 102)

Pesto de edamame

Pelar el ajo y triturar con los edamame y el dashi en el robot de cocina, ir añadiendo el aceite en un chorrito fino hasta obtener un pesto cremoso. Aderezar con sal o gomasio.

Brochetas

Para las brochetas, cortar la cebolleta en diagonal en aros finos y meter en agua fría. Cortar el tofu en tercios en sentido horizontal, y estas rodajas en seis trozos. Cortar el pie de las setas shiitake, y los sombreros por la mitad. Insertar en las brochetas alternando con los trozos de tofu.

A la parrilla

Las brasas tienen que ser uniformes y estar cubiertas por una capa de ceniza blanca. Untar ligeramente de aceite la rejilla o la plancha con ayuda de un paño de cocina. ¡Cuidado, estará caliente! Colocar encima las brochetas y asar durante 6-8 minutos girando de vez en cuando.

A la sartén

Calentar 3 cdas. de aceite en una sartén antiadherente y dorar las brochetas a fuego moderado 6-8 minutos por todos los lados.

Durante los últimos 1-2 minutos, untar las brochetas con un poco de tare. Al final, untar de nuevo con tare antes de servir. Servir espolvoreadas con gomasio y cebolleta escurrida, acompañadas del pesto de edamame.

Más datos: Los edamame* ya pueden comprarse congelados, y no solo en su vaina, sino también los granos pelados. En cualquier caso, las vainas ya están escaldadas y, una vez descongeladas, pueden usarse directamente para el pesto. Si compras vainas, se necesitan unos 400 g para esta receta.

TOFU DENGAKU

Emparentada con el clásico nasu dengaku (véase p. 189), en esta receta se combina el tofu de tu elección con tus pastas de miso preferidas y se hornea brevemente. Servido con arroz es una estupenda comida; acompañado de sake, una tapa deliciosa.

Para 4 personas
Tiempo de elaboración: 35 minutos

1 cebolleta fina
400 g de tofu natural firme
aceite vegetal
2 × 50 g de pastas de miso (en la imagen: mugi miso y shiro miso, véase p. 117)
8 cdas. de dashi (o caldo vegetal)
2 cdtas. de azúcar
150-200 g de rábano blanco

Cortar la cebolleta en diagonal en aros finos y meter en agua fría. Cortar el tofu en tercios en sentido horizontal, estas rodajas por la mitad, y untar ligeramente con aceite. Pincelar también una sartén de parrilla con un poco de aceite y dorar las rodajas de tofu 2-3 por cada lado. Retirar y extender sobre una bandeja con papel de hornear.

Precalentar el horno a 220 °C. Mezclar cada pasta de miso con 4 cdas. de dashi y 1 cdta. de azúcar. Repartir las cremas por el centro de las rodajas de tofu, dejar los bordes libres. Hornear a la segunda altura empezando desde arriba durante 12 minutos, los bordes del tofu deberían coger color.

Dejar enfriar un poco antes de servir, ¡la pasta de miso estará tan caliente como la lava! Decorar con la cebolleta. Mientras tanto, pelar el rábano, rallar fino, salar ligeramente, escurrir lo máximo posible y servir con el tofu.

BONIATO A LA PARRILLA «NOBU»

Me inclino ante el chef Nobuyuki «Nobu» Matsuhisa y su célebre plato estrella, «Miso Black Cod»: un filete de bacalao negro marinado y a la parrilla, al que el miso le aporta una sedosidad y un sabor que entusiasman. La textura del boniato cocido, a la parrilla y luego marinado con una salsa concentrada de miso me parece la más similar; esta adaptación vegetariana también da cuenta de la maestría de la receta original. La ensalada fresca que lo acompaña da el toque marino gracias a su sabor verde y salado.

Para 2 personas (aperitivo para 4 personas)
Tiempo de elaboración: 30 minutos

<u>Para los boniatos con miso</u>

aprox. 300 g de boniato (2-3 rodajas por persona)
sal
50 ml de sake
50 ml de mirin
35 g de pasta miso clara
20 g de azúcar
aceite vegetal

<u>Para la ensalada de edamame y rabanitos</u>

½ cdta. de alga wakame seca
4 cdas. de vinagre de arroz
4 cdas. de dashi
wasabi al gusto (recién rallado o en pasta)
3 cdas. de aceite vegetal
opcional: 2-3 pizcas de alga en polvo aonori
150 g de granos de edamame, cocidos
4 rabanitos gruesos
sal

<u>Boniatos con miso</u>

Pelar los boniatos y cortar en rodajas de 3 cm de grosor. Cocer en agua salada 5 minutos y enfriar con agua fría. Secar dando toquecitos.

Reducir el sake y el mirin a la mitad de volumen en un cazo destapado, incorporar la pasta de miso y el azúcar, y llevar a ebullición. Pincelar las rodajas de boniato con un poco de la marinada de miso.

<u>Ensalada de edamame y rabanitos</u>

Para la ensalada, hidratar el alga wakame en agua tibia. Preparar una vinagreta con el vinagre de arroz, el dashi, wasabi al gusto y el aceite, condimentar con aonori si se desea. Añadir los granos de edamame. Lavar los rabanitos, limpiar, picar primero en rodajas finas y luego en bastones. Aclarar el alga wakame con agua fría, cortar en trozos grandes y mezclar con los rabanitos. Sazonar con una pizca de sal.

A la parrilla

Las brasas tienen que ser uniformes y estar cubiertas por una capa de ceniza blanca. Untar ligeramente de aceite la rejilla o la plancha con ayuda de un paño de cocina. ¡Cuidado, estará caliente! Colocar las rodajas de boniato y cocinar 2-3 minutos por cada lado.

A la sartén

Untar un poco de aceite en una sartén antiadherente, calentar y dorar las rodajas a fuego moderado 2-3 minutos por cada lado.

Disponer el boniato con la ensalada en platos, y añadir la marinada de miso restante en forma de puntos a modo de salsa.

BISTEC DE SEITÁN CON BEURRE BLANC DE MISO Y ESPINACAS A LA MOSTAZA «HORENSO OHITASHI»

En el Japón moderno también tienen la mirada puesta hacia la gastronomía francesa, sobre todo les gusta adaptar y muchas veces perfeccionar baguettes, croissants y la pastelería en general. En este plato se produce una simbiosis entre los aromas japoneses y el arte de las salsas francesas.

Para 2-4 personas
Tiempo de elaboración: 30 minutos

Para la beurre blanc de miso

2 chalotas
sal
1 cdta. de aceite vegetal
100 ml de sake
50 ml de dashi
200 ml de caldo vegetal
1 cda. de pasta miso clara
100 g de mantequilla fría en daditos

Para las espinacas a la mostaza

600 g de espinacas tiernas
1 cda. de aceite vegetal
8 cdas. de dashi frío (o caldo vegetal frío)
4 cdas. de salsa de soja
1 cda. de mirin
1-2 pizcas de mostaza en polvo (o ½ cdta. de mostaza picante)
2-3 gotas de aceite de sésamo
sésamo tostado con soja (véase p. 60)

Para el bistec de seitán

250 g de seitán
1 cda. de aceite vegetal
4 cdtas. de kaeshi (véase p. 102, o salsa teriyaki)
pimienta negra recién molida

Beurre blanc de miso

Pelar las chalotas, picar en daditos, salar y rehogar en un cazo con aceite caliente hasta que estén traslúcidas. Desglasar con sake y reducir destapado hasta más o menos la mitad de volumen. Añadir el dashi y el caldo y volver a reducir destapado hasta la mitad de volumen. Poco antes de servir, llevar a ebullición e incorporar la pasta de miso. Ir triturando en la salsa los daditos de mantequilla con una batidora de mano hasta obtener una mezcla espumosa.

Espinacas a la mostaza

Lavar las espinacas a conciencia en agua tibia, poner aún mojadas en una sartén caliente con el aceite y dejar que pierdan volumen sin dejar de remover. Retirar y esparcir en un plato para que se enfríen rápidamente; lo mejor es meterlas 3-5 minutos en el congelador. Calentar el dashi, la salsa de soja, el mirin, la mostaza en polvo y el aceite de sésamo (sin hervir) y, antes de servir, calentar en este líquido las espinacas lo más escurridas posible. Servir espolvoreadas con el sésamo de soja.

Bistec de seitán

Cortar el seitán en cuatro rodajas y dorar en una sartén antiadherente grande con aceite caliente. Untar con kaeshi y sazonar con pimienta recién molida. Volver a espumar la beurre blanc de miso y disponer en el plato con las espinacas.

Queda bien acompañado de arroz al vapor.

TAMARI, SHOYU, SALSA DE SOJA - LA SAL DE JAPÓN

La salsa de soja, un antiguo condimento de la cocina asiática, tiene su origen en China, pero en Japón se ha ido perfeccionando su elaboración desde el s. XIII. Comenzó con unos monjes budistas zen, que llevaron a la península de Kii el arte de fermentar granos de soja (*hishio*) en barricas de madera de cedro. Hacia el final de la fermentación, al fondo de los barriles se acumulaba un líquido aromático y salado que no solo condimentaba platos de arroz, sino que también podía usarse para conservar alimentos; esa salsa de soja primigenia se llamó tamari shoyu. *Tamari* significa «recogido», y *shoyu* es el «aceite de hishio».

ARTESANÍA VS. INDUSTRIA - LA ELABORACIÓN

Los ingredientes para elaborar salsa de soja son granos de soja cocinados al vapor y tratados con koji, trigo tostado partido, agua y sal. El hongo koji (véase p. 31) y los microorganismos de la malta inician la fermentación e influyen sobre el aroma y el sabor de la salsa de soja resultante. También se genera abundante glutamina, fuente del sabor umami pleno y «cárnico» de la salsa de soja. Las salsas de soja artesanales fermentan y maduran entre 6 y 18 meses, y hasta 5 años; sin embargo, la mayor parte de la salsa de soja que se vende en todo el mundo hace mucho que proviene de la producción industrial, en la que la tecnología permite reducir la fermentación a 2-3 semanas. A menudo se utiliza simplemente extracto de soja, y un vistazo a la letra pequeña muestra que en el proceso químico se añaden otros aditivos como jarabe de glucosa, melaza y colorantes. La buena salsa de soja es un producto natural a partir de cuatro ingredientes.

TIPOS DE SALSA DE SOJA

El surtido en nuestros supermercados todavía no es demasiado amplio. En cambio, en las tiendas asiáticas y poco a poco en muchos supermercados ecológicos, la oferta de salsas de soja ha ido creciendo. Sin duda es divertido y merece la pena ir probando o comparando salsas de soja. A grandes rasgos, se distinguen seis tipos:

kokikuchi shoyu: la salsa de soja oscura clásica japonesa elaborada fermentando trigo y soja es una salsa fantásticamente versátil.
usukuchi shoyu: la salsa de soja japonesa clara tiene el mayor contenido en sal y puede usarse con moderación. Es más apropiada para cocinar y condimentar, pero no se recomienda como salsa para mojar.
tamari shoyu: una salsa de soja a menudo menos salada que además se elabora sin trigo. Por eso, la auténtica tamari es la única salsa de soja adecuada para personas con intolerancia al trigo. Es perfecta para el sushi y para mojar.
shiro shoyu: salsa de soja clara elaborada casi exclusivamente a partir de trigo. Para condimentar, macerar y mojar.
saijikomi shoyu: una salsa de soja muy poco habitual, fermentada dos veces, intensa y oscura; en su elaboración se sustituye parte del agua por salsa de soja ya elaborada.
amakushi shoyu: salsa de soja dulce/endulzada a la que se añade mirin o azúcar. Estas salsas sustituyen con un sabor más intenso la pizca de azúcar que remata los platos picantes.

OKONOMIYAKI FÁCIL

A todo el mundo le gustan estas tortillas gruesas y jugosas que en Japón se preparan a la vista del comensal sobre la plancha de teppanyaki: se extienden, se rellenan, se cocinan y se sirven con todo tipo de guarniciones. Esta es una receta sencilla para el día a día.

Para 4 unidades
Tiempo de elaboración: 30 minutos (más tiempo de cocción)

- 4 huevos
- 200 ml de dashi (o caldo de verduras)
- 150 g de harina
- 1 cdta. de impulsor químico
- ½ pimiento rojo
- ½ zanahoria gruesa
- 50 g de setas shiitake
- 2 cebolletas finas
- 80 g de granos de maíz (en conserva)
- 15-20 g de jengibre fresco
- sal
- 4 cdas. de mayonesa (Kewpie)
- 4 cdas. de kétchup
- aceite vegetal
- opcional: 1 bandeja de hojas de daikon
- gomasio (véase p. 60)
- alga en polvo aonori (véase p. 10)

Mezclar los huevos con el dashi. Combinar la harina y la levadura química, tamizar sobre la mezcla de huevo y dashi, e incorporar rápidamente con unas varillas sin dejar grumos.

Cortar el pimiento en cuartos, retirar las semillas y las partes blancas, y picar en juliana. Pelar la zanahoria y rallar grueso. Retirar el pie de las setas shiitake y cortar los sombreros en tiras finas. Picar las cebolletas en aros y escurrir el maíz. Rallar fino el jengibre e incorporar junto con la verdura a la mezcla de huevo, salar ligeramente. Poner la mayonesa y el kétchup en sendas mangas pasteleras.

Precalentar el horno a 80 °C. Calentar 2-3 cdas. de aceite en una sartén antiadherente grande. Verter un cuarto de la mezcla de okonomiyaki y cocinar a fuego moderado 3-4 minutos. Dar la vuelta con una espátula y cocinar 2-3 minutos más. Conservar caliente en el horno. Repetir para hacer tres okonomiyaki más.

Repartir las tortillas en platos precalentados, decorar con líneas de mayonesa y kétchup, y espolvorear con hojas, gomasio y aonori si se desea.

Variantes

- Naturalmente la verdura puede variar, pero tiene que estar cortada lo más pequeña posible. En lugar de una mayonesa sencilla, también queda bien con mayonesa de puerro (véase p. 193). Puede acompañarse de una ensalada verde o vegetales tsukemono (véase p. 21); el jengibre encurtido (gari, véase p. 75) aporta frescor.

KARAAGE «NO DEMASIADO FALSO» CON MAYONESA DE MANDARINA

El karaage, que originalmente se prepara con pollo, es un tentempié muy popular en los bares de ramen e izakayas; combina especialmente bien con sake frío o cerveza fresca. Esta variante con setas y yaca crujientes también es magnífica, porque lo que marca la diferencia es la sabrosa marinada y el rebozado con sésamo y pimienta negra.

Para 4-6 personas
Tiempo de elaboración: 30 minutos

Para el karaage

20 g de jengibre fresco
2 cdas. de sake (o vino blanco o cerveza)
2 cdas. de salsa de soja
1 cdta. de zumo de lima
2-3 gotas de aceite de sésamo
1 diente de ajo
150-200 g de setas shiitake y champiñones ostra, pequeños
150-200 g de yaca (en lata o envasada)
aceite para freír
30 g de maizena
30 g de harina
1 cda. de sésamo tostado y un poco machacado (o gomasio, en ese caso salar muy poco la maizena)
1 cdta. de pimienta negra recién molida
sal

Para la mayonesa de mandarina

1 mandarina ecológica
80-120 g de mayonesa (Kewpie)
zumo de lima
sal
opcional: 1-2 pizcas de shichimi togarashi (mezcla de especias picantes)

Pelar el jengibre y rallar fino, exprimir y mezclar el jugo de jengibre con sake, salsa de soja, zumo de lima y aceite de sésamo. Pelar el ajo, rallar fino y añadir a la marinada. Limpiar las setas en trozos de bocado, cortar el pie de las setas shiitake. Escurrir la yaca y picar en trozos de bocado. Mezclar las setas y la yaca con la marinada. (Si no se tiene prisa, es mejor que repose un rato).

Para la mayonesa, rallar 1 cdta. de peladura de mandarina, añadir a la mayonesa y luego mezclar con 2-3 cdas. de zumo de mandarina. Aderezar con 1-2 chorritos de zumo de lima y sal. Si se desea, añadir un poco de picante con shichimi togarashi.

Calentar el aceite en una freidora siguiendo las instrucciones, o llenar un cazo alto con aproximadamente 8 cm de aceite y calentar a 170 °C. Mientras tanto, mezclar la maizena y la harina en un plato grande junto con el sésamo, la pimienta recién molida y una pizca de sal.

La freidora indicará la temperatura; en el cazo, introducir un palillo en el aceite, y si suben burbujitas por él, se habrá alcanzado la temperatura adecuada.

Pasar las setas y la yaca en tandas por la mezcla de harina y freír hasta que estén doradas. Escurrir en papel de cocina, salar y servir directamente con la mayonesa.

Variantes

- El karaage también puede servirse con salsa ponzu (véase p. 12) o mayonesa picante (véase p. 84); queda muy bien con jengibre encurtido (gari, véase p. 75) y salsa shoyu (véase p. 75).
- Una ensalada fresca de col (véase p. 161) es un acompañamiento ideal, junto con rodajas de lima.

NASU DENGAKU DE BERENJENAS CON MISO

«La perfección no existe, hay que seguir, seguir. Seguir intentando hacerlo mejor».

Yoko Higashi, maestra de sushi e ikebana,
restaurante Yoshi im Alsterhaus, Hamburgo

En Japón se celebra la virtud de seguir aprendiendo toda la vida. En mi primer libro de cocina japonesa también hay una receta de nasu dengaku. Es buena. Descubrí que podía ser aún mejor gracias a Yoko Higashi, cuyo nasu dengaku de berenjena tiene un sabor intenso y la delicada textura se funde en la boca. Cuando se retira un bocado con la cuchara, inmediatamente se forma un charquito de dulces jugos al fondo de la berenjena. Admirado, le pregunté a la señora Higashi por su secreto; titubeó un poco y luego solo pronunció una frase: «A la berenjena le encanta el aceite*», sonrió pícara y regresó a la cocina. ¡Gracias!

Para 4 mitades de berenjena
Tiempo de elaboración: 30 minutos

100 g de pasta de miso rojo (genmai miso, véase p. 117, pero también otro miso)
2 cdas. de sake
1 cdta. de azúcar
2 cdas. de mermelada de ciruela (o de albaricoque)
2 berenjenas
aceite para freír
sal

Preparar una pasta con el miso, el sake, el azúcar y la mermelada de ciruela. Cortar las berenjenas por la mitad a lo largo y hacer cortes en forma de rejilla hasta llegar a la piel.

Calentar el aceite en una freidora siguiendo las instrucciones, o llenar un cazo alto con aproximadamente 8 cm de aceite y calentar a 170 °C. La freidora indicará la temperatura; en el cazo, introducir un palillo en el aceite, y si suben burbujitas por él, se habrá alcanzado la temperatura adecuada.

Freír en tandas de dos mitades de berenjena en el aceite caliente durante unos minutos hasta que se doren, con la piel hacia arriba. Escurrir en papel de cocina y salar. Encender el grill del horno.

Colocar las mitades de berenjena en una bandeja con papel de hornear y untar la superficie con la pasta. Gratinar unos minutos bajo el grill del horno, la pasta se caramelizará un poco.

Consejo
Queda bien con ensalada de col (véase p. 161) o arroz al vapor (véase p. 71).

***El secreto:** Al freír las mitades de berenjena en aceite abundante, las berenjenas se «sellan» enseguida y al mismo tiempo se cocinan en su interior gracias a los vapores resultantes y que no pueden salir; esto hace que las berenjenas fritas no resulten nada grasientas y queden jugosísimas.

TEPPANYAKI DE VERDURA A LA PARRILLA

Aunque tradicionalmente se prepara en la parrilla de teppanyaki, la verdura variada de cocción rápida también puede hacerse a la plancha o en una sartén antiadherente. Es todo un disfrute servida con salsas y arroz o ensalada. Los vegetales pueden variar, también pueden prepararse en la cantidad deseada como guarnición, y las combinaciones son infinitas. Aquí presento un par de ideas:

Boniato
Mezclar **2 cdas. de pasta de miso** con **1 cda. de caldo vegetal**. Pelar **1 boniato** (unos 180 g), cortar en rodajas de 1 cm de grosor y escaldar brevemente en agua salada hirviendo. Dejar enfriar, secar y untar con la crema de miso.

Setas shiitake / kojizuke
Retirar el pie de **8-12 setas shiitake** y mezclar los sombreros con **1-2 cdas. de kojizuke** (véase p. 33), dejar reposar 10 minutos. Aclarar a conciencia con agua fría y secar con papel de cocina.

Coliflor/furikake
Limpiar **150-200 g de coliflor**, cortar en floretes pequeños y salar ligeramente. Después de cocinar, servir espolvoreada con **furikake** (véase p. 60).

Berenjena / sake
Cortar **1 berenjena** en rodajas, salar y rociar con **sake**. Dejar reposar 15 minutos y secar con papel de cocina.

Pimientos de Padrón
Mezclar **150 g de pimientos de Padrón** con **1 cdta. de aceite de sésamo** y salar.

Calabacín
Cortar **1 calabacín** en rodajas, disponer en una fuente y dejar reposar cubierto de **dashi** durante 10 minutos. Secar con papel de cocina. Después de cocinar, espolvorear con **aonori** (alga en copos).

Cebolla
Pelar **1 cebolla roja** de manera que conserve el extremo que la mantiene unida. Cortar en bastones, salar y rociar con **vinagre de vino tinto** (o vinagre de arroz).

Cocinar
Escoger la forma de cocción (véase introducción). Establecer una temperatura moderada y cocinar la verdura unos minutos hasta que esté un poco dorada o tostada mientras se va girando y moviendo.

Servir con las salsas preferidas. En la imagen: mayonesa picante (véase p. 84) y salsa ponzu (véase p. 12).

SHISHITO YAKI - BROCHETAS DE PIMIENTOS CON MAYONESA DE PUERRO Y SALSA KARA NI

Los pimientos «cabeza de león» japoneses se parecen a los de Padrón, que quedan deliciosos con mayonesa de puerro y una sabrosa salsa de sésamo y kara ni.

Para 4-6 brochetas
Tiempo de elaboración: 30 minutos (más tiempo para salar el puerro)

Para la mayonesa de puerro

100 g de puerro (la parte central verdiblanca de 1 puerro)
sal
1 cda. de aceite vegetal
100 g de mayonesa (Kewpie)
1-2 chorritos de vinagre de vino blanco

Para la salsa de sésamo y kara-ni

2 cdas. de shiitake kara ni (véase p. 118)
6 cdas. de salsa tsuyu (véase p. 48)
1 cda. de semillas de sésamo tostadas

Para las brochetas

aprox. 400 g de pimientos de Padrón
aceite vegetal
gomasio (véase p. 60)

Mayonesa de puerro

Picar fino el puerro, lavar y salar. Dejar macerar 1 hora. Luego calentar el aceite en un cazo, rehogar el puerro 3-4 minutos sin que coja color, después enfriar rápidamente en un plato dentro del congelador. Triturar con la batidora junto con la mayonesa, el vinagre y una pizca de sal.

Salsa de sésamo y kara-ni

Picar las setas shiitake kara ni cocinadas y mezclar con salsa tsuyu y sésamo tostado.

Brochetas

Mezclar los pimientos con el aceite e insertar en las brochetas.

A la parrilla

Las brasas tienen que ser uniformes y estar cubiertas por una capa de ceniza blanca. Untar ligeramente de aceite la rejilla o la plancha con ayuda de un paño de cocina. ¡Cuidado, estará caliente! Colocar encima las brochetas y asar durante 6-8 minutos girando de vez en cuando.

A la sartén

Calentar 3 cdas. de aceite en una sartén antiadherente y dorar las brochetas a fuego moderado 6-8 minutos por todos los lados. Sazonar con gomasio y servir acompañado de la mayonesa de puerro y la salsa.

Consejo

La mayonesa de puerro sirve para casi todo, queda bien con todo tipo de verdura cruda, cocida o a la parrilla.

Postres

GOFRES TAIYAKI

Estos gofres rellenos con forma de pargo son un dulce japonés clásico que se come especialmente durante las fiestas populares «matsuri». Los peces de masa de gofre se venden con muchos rellenos distintos. Los que más gustan son los de pasta dulce de judía anko, pero también los de vainilla y té verde, o los de crema de chocolate. Recién horneados están deliciosos. Requiere un poco de práctica cocerlos y rellenarlos, así como dar con la proporción correcta de ingredientes. Pero después de dos o tres dulces intentos, te saldrán bien, y la recompensa son peces de gofre esponjosos, crujientes, dulces y calientes.

Para aprox. 12 piezas
Tiempo de elaboración: aprox. 40 minutos

- 2 huevos
- 150 ml de leche
- 25 g de miel líquida
- 50 g de azúcar fino de caña o azúcar blanco
- 150 g de harina
- ½ sobre de levadura química (8 g)
- 1 pizca de canela
- aceite vegetal
- 120 g de anko (pasta de judías rojas, véase p. 203)

Mezclar los huevos, la leche, la miel y el azúcar con las varillas de la batidora de mano. Combinar la harina con la levadura química y la canela, y tamizar sobre la mezcla de huevo. Sumergir las varillas, encender la batidora e incorporar la harina lentamente para obtener una masa cremosa.

Calentar el molde de taiyaki*, pincelar el interior con aceite, verter un poco de masa en el primer lado y dejar que cuaje. Colocar un poco de pasta de judía roja en el centro y cubrirla con un poco de masa. Cerrar el molde y cocer unos 2 minutos a temperatura baja hasta que se dore.

Consejo

Con la masa para gofres con canela, que apenas tiene grasa, también pueden hacerse 6-8 gofres convencionales.

*Se pueden encontrar **moldes para taiyaki** en internet, hay tanto gofreras eléctricas con forma de pez como moldes tradicionales de hierro, pero estos últimos requieren un fogón de gas o un fuego vivo.

MOUSSE DE CHOCOLATE Y TOFU SEDOSO CON MANDARINAS EN SIROPE ESPECIADO

Esta mousse aterciopelada de tofu sedoso es un clásico de mi cocina japonesa, y me gusta sorprender con ella a mis invitados. No lleva nata, azúcar, huevo ni gelatina y, sin embargo, tiene todo lo que se espera de una crema de chocolate: el ligero amargor de las notas de chocolate y una textura fundente. Queda perfecta con estas mandarinas especiadas con anís y vainilla.

Para 4-6 raciones
Tiempo de elaboración: 35 minutos (más al menos 5 horas para que se enfríe la crema)

Para la mousse

100 g de chocolate negro
100 g de chocolate con leche
2 cdas. de miel
2 cdas. de sirope de jengibre
550 g de tofu sedoso
sal

Para las mandarinas en sirope especiado

6 mandarinas
1 vaina de vainilla
50 ml de zumo de yuzu (véase abajo)
1 estrella de anís
50 g de azúcar moreno
100 ml de refresco de naranja (p. ej. Orangina)
1 cda. de sirope de jengibre
zumo de ½ lima

Mousse

Para la mousse, precalentar el horno a 80 °C. Romper el chocolate en trozos y derretir junto con la miel y el sirope de jengibre en un recipiente apto para horno, removiendo de vez en cuando. Escurrir el tofu sedoso y pasar por un colador fino.

Incorporar la crema de tofu sedoso al chocolate templado con las varillas de la batidora de mano hasta obtener una crema chocolateada y brillante. Añadir una pizca de sal. Repartir en cuenquitos y enfriar tapado en la nevera durante al menos 5 horas.

Mandarinas en sirope especiado

Cortar la parte superior e inferior de las mandarinas y pelar con un cuchillo por franjas de arriba abajo de manera que también se elimine la piel blanca. Cortar en rodajas. Abrir la vainilla a lo largo y sacar las semillas. Llevar a ebullición las semillas y la vaina junto con el zumo de yuzu, el anís estrellado, el azúcar, el refresco de naranja y el sirope de jengibre.

Cocer sin tapar durante 3 minutos, luego incorporar las rodajas de vainilla y el zumo de lima, llevar a ebullición brevemente y retirar del fuego. Dejar enfriar en un bol, luego meter tapado a la nevera.

Repartir las mandarinas con un poco de jugo sobre los cuencos con la mousse de chocolate.

Variantes

- Encontrarás el aromático zumo de yuzu en tiendas asiáticas bien surtidas. Si no puedes conseguir yuzu, sustitúyelo por zumo recién exprimido de lima, limón y mandarina mezclado a partes iguales.
- Esta receta también queda bien con naranjas pequeñas.
- En lugar de la vainilla puede utilizarse 1-2 cdtas. de azúcar avainillado auténtico, en ese caso añadir solo 40 g de azúcar moreno.

Consejo

Las mandarinas especiadas también acompañan muy bien un helado, un arroz con leche o un pudin.

CALABAZA ESPECIADA AL HORNO CON HELADO DE NATA Y CANELA

Imbatible: preparar primero el helado y congelarlo (puede hacerse la víspera) y luego disponerlo en platos enfriados con las rodajas de calabaza especiada todavía calientes del horno. Es adictivo.

Para 4-6 personas
Tiempo de elaboración: 35 minutos (más tiempo para congelar el plátano y el helado)

Helado de nata y canela (sin heladera)

- 250 g de plátano
- 4 cdas. de zumo de limón
- 200 ml de leche condensada dulce
- 400 ml de nata
- 1 pizca de canela y un poco más
- 1 pizca de semillas de vaina de vainilla
- sal

Calabaza especiada

- 1 calabaza pequeña (350-500 g)
- 30 g de jengibre
- 3 cdas. de miel líquida
- ½ cdta. de canela
- 1 cda. de aceite vegetal

Helado de nata y canela (sin heladera)

Para el helado, pelar los plátanos, cortar en rodajas y marinar con el zumo de limón. Extender sobre papel de horno y congelar. Enfriar la leche condensada. Montar la nata hasta que esté cremosa y firme. Triturar el plátano congelado con la leche condensada, la canela, la vainilla y una pizca de sal, luego incorporar la nata con movimientos envolventes. Congelar el helado tapado durante varias horas o de un día para otro. Servir espolvoreado con canela.

Calabaza especiada

Precalentar el horno a 220 °C. Cortar la calabaza por la mitad, vaciar las semillas y cortar en rodajas. Pelar el jengibre, rallar fino y mezclar en un bol con la miel, la canela y el aceite. Untar bien las rodajas y hornear 25 minutos extendido sobre una bandeja con papel de hornear. Servir con el helado.

Variantes

- Este helado cremoso sin heladera admite variantes como por ejemplo añadir 3-4 cdas. de fruta triturada de tu elección, trocitos de fruta, avellanas tostadas y picadas, crema de chocolate y pepitas de chocolate.
- Se puede preparar una versión navideña con 50 g de mazapán blanco, ¡queda delicioso con galletas de especias machacadas!

Consejo

Estas rodajas de calabaza son tan deliciosas que incluso merecen tomar el atajo de comprar helado de vainilla.

ANKO Y OHAGI - PASTA DE JUDÍA ROJA Y BOLITAS DE ARROZ GLUTINOSO

La pasta de judía roja anko (también: tsubu an/koshian), elaborada con alubias azuki rojas secas, es un ingrediente esencial de muchos postres japoneses. Si se endulza un poco, es un postre en sí misma que puede servirse con nata montada, miel y frutos secos. En este libro la necesitarás para rellenar los gofres taiyaki (véase p. 197), para el mizu yokan (véase p. 213) y para las siguientes bolitas dulces de arroz.

Para aprox. 400 g de pasta de judías y 8-12 bolitas de arroz
Tiempo de elaboración: 30 minutos (más tiempo de remojo de las judías por la noche, tiempo de cocción y remojo del arroz y las judías)

Anko (pasta de judías rojas)
- 250 g de judías azuki rojas
- 150-200 g de azúcar
- zumo y ralladura de 1 limón ecológico
- opcional: 1 pizca de canela

Ohagi (bolitas de arroz glutinoso)
- 150 g de arroz para sushi
- 50 g de arroz de grano largo
- 280 ml de agua tibia
- 20 g de azúcar
- 100-300 g de tsubu an anko (véase p. 204, dependiendo de si se rellenan o se envuelven)

Anko (pasta de judías rojas)

Dejar las judías a remojo toda la noche. Al día siguiente, escurrir y cocer las judías en agua fresca (sin sal) unos 90 minutos, hasta que estén blandas.

Escurrir en un colador y devolver a la cazuela con azúcar, zumo de limón y ralladura de limón. Si se desea, condimentar con una pizca de canela. Llevar a ebullición y cocer 10 minutos removiendo de vez en cuando para obtener una papilla con trozos.

Dependiendo de cómo quieras que quede la pasta (o para qué vayas a utilizarla), puedes elegir una de estas dos opciones:

Tsubu an (rústica): para el tsubu an, usar las judías tal como están o triturar la mitad y volver a mezclar.

Koshi an (fina): para el koshi an, el anko se tritura hasta obtener una crema.

La consistencia del anko también depende de las judías, a veces queda más sedoso, otras más harinoso. En cualquier caso, la pasta queda algo más firme al enfriarse, y siempre puede corregirse con algún líquido (agua, zumo de manzana, zumo de naranja), así como acentuar el dulzor con azúcar glas o miel.

La receta puede duplicarse fácilmente, y el anko también puede prepararse con antelación e incluso congelarse. En la nevera se conserva al menos 2 días.

Encontrarás esta pasta de judías rojas en lata en tiendas asiáticas, tanto en su versión cremosa como con trozos.

Sigue en la página siguiente

Preparar arroz mochigome dulce

Mezclar el arroz para sushi y el arroz largo, poner en un colador fino y lavar como se describe en la p. 72, escurrir y dejar secar 1 hora en el colador.

Poner el arroz en un cazo con 280 ml de agua tibia. Tapar y llevar a ebullición. Bajar el fuego y dejar hervir a fuego lento hasta que el arroz haya absorbido toda el agua, unos 15 minutos. Retirar la cazuela del fuego y dejar reposar tapado otros 15 minutos. ¡No levantar la tapa ni una sola vez durante toda la cocción!

Mientras tanto, llevar a ebullición el azúcar con 50 ml de agua. Retirar el cazo del fuego.

Rociar el arroz cocido dentro de la cazuela con el sirope resultante. Tapar con un paño de cocina doblado dos veces, colocar la tapa encima y dejar reposar 15 minutos más.

Volcar el arroz sobre una superficie de trabajo limpia, airearlo y volver a extenderlo con una cuchara de madera, luego dejar enfriar.

Formar y condimentar los ohagi

Dividir el arroz dulce en ocho partes, formar óvalos y aplanar. Poner 1 cdta. de relleno de anko en medio, envolver con el arroz y volver a darle forma de croqueta ovalada. Servir blancos, o rebozados en sésamo tostado o té matcha en polvo.

Pero también puede hacerse justo al revés: darle forma plana y ovalada al anko y rellenar con una bolita de arroz.

Servir con té matcha o té verde. También puede servirse con salsa de vainilla para comer con cuchara.

SAKE

La mitología dice que el sake ya existía cuando se crearon el cielo y la tierra; en la religión naturalista del sintoísmo, el sake se considera un regalo de los dioses. El omiki es un sake ritual con el que se da las gracias. Con él, una parte de la energía divina se transmite a quien lo bebe, y ese efecto se constata con alegría cuando lo prueba uno mismo. De hecho, el sake es una bebida clara muy agradable, aromática, sedosa y a veces engañosamente suave.

EL MARAVILLOSO RESULTADO DE LA COLABORACIÓN ENTRE DIOSES Y HUMANOS

El rastro histórico conduce al palacio imperial, en el que hace 1500 años ya trabajaban los primeros destiladores oficiales de sake. Provenían de Corea y pusieron sus conocimientos sobre la elaboración de la bebida al servicio de la corona. Los registros de palacio prueban que en el periodo Nara, en el s. VIII, ya había distintos sakes dependiendo del gusto: más o menos alcohol, turbio, claro, fresco, amargo, lechoso o dulce, afrutado, florido... Un surtido cuya variedad aún se conserva.

Efectivamente, la elaboración de sake requiere de personas, conocimientos y artesanía. El documentalista Erik Shirai ha levantado un monumento fílmico al duro trabajo de los destiladores de este vino de arroz con su película *The Birth of Saké* (2015), en la que nos ofrece imágenes tan opulentas como silenciosas que retratan el proceso con detalle. ¡Muy recomendable!

AGUA, ARROZ Y UN PAR DE DETALLES MUY IMPORTANTES

Actualmente hay en Japón unas 1300 destilerías de sake, y cada una elabora una media de 20 tipos. La mayoría siguen siendo empresas familiares, y la más antigua tiene 850 años. Desde 1904, el Instituto Nacional de Investigación de Destilados «Jozo Shikenjo» promueve el desarrollo del sake japonés. La composición y el origen del agua que se utiliza es muy importante para la producción de sake, así que solo se destila allí donde el agua es de gran calidad. Existen diferencias notables entre el agua dura del feudo del sake Nishinomiya o de la aldea del sake Nada en la prefectura de Hyogo, y el agua blanda de Fushimi en la prefectura de Kioto. Pero sin duda aquí también ayudan los dioses: merece la pena llenar un frasquito de agua en el manantial del santuario del dios del sake Matsuo-sama en Kioto, porque una simple gotita hace de cualquier sake ¡una bebida divina!

El origen y la calidad del arroz que se use influye en el sake de forma considerable, y una cuestión determinante es el grado de pulido del grano. Antes del propio destilado, los granos de arroz se pulen, se eliminan las capas exteriores de los granos de arroz; estas contienen las proteínas que aportan acidez y amargor indeseados. Cuanto más se pule el grano, más claro y fresco es el sabor del sake. El grado de pulido se mide en porcentajes (% del peso inicial), lo que se conoce como «tasa de pulido».

Finalmente, interviene la habilidad del destilador de sake, así como el tiempo de maduración y fermentación, con los que este convierte un sake en una bebida de gran calidad.

SAKE - UN PEQUEÑO RESUMEN

El surtido de sake premium se divide en los seis tipos que se describen a continuación; se trata de sake puro de la mayor calidad, que se destila solo a partir de agua y arroz, y tiene un contenido en alcohol de entre 14 y 16%.

JUNMAI: fuerte e intenso, este sake de firmes raíces destilado a menudo con variedades regionales de arroz puede servirse frío y caliente. No tiene una tasa de pulido establecida, y a los junmai con tasas inferiores al 70% se los considera tokubetsu junmai sake de gran calidad.
HONJOZO: fresco, ligero y seco, está permitido añadirle alcohol destilado, y la tasa de pulido es inferior al 70%.
GINJO: aromático y fresco, con toques afrutados y una tasa de pulido inferior al 60%. El ginjo se destila artesanalmente durante un tiempo prolongado y a baja temperatura, entre 5 y 14 °C.
JUNMAI GINJO: un ginjo al que se le añade alcohol destilado el último día de fermentación para ligar los aromas del mosto. De sabor afrutado y suave, recuerda a un vino blanco con mucho cuerpo.
DAIGINJO: un excelente sake muy aromático, delicado y complejo con una tasa de pulido del 35% o inferior. Su elaboración a 5-9 °C de temperatura requiere toda la atención del destilador.
JUNMAI DAIGINJO: un daiginjo al que se ha añadido alcohol destilado, lo que lo convierte en un sake excelente de sabor intenso y armónico.

Además, hay toda una variedad de sakes como el nigoir sin filtrar, sake exuberante con levaduras florales que aportan aroma, el koshu madurado, o el sake imperial kijoshu goshu, para el que el agua se sustituye por sake ya destilado.

Sin embargo, cerca de dos tercios de la producción total del país consiste en sake convencional, para cuya elaboración se permite añadir tanto alcohol destilado como azúcar. En este caso también hay distintas calidades.

DISFRUTAR DEL SAKE

El sake se sirve atemperado, y son el cocinero y el anfitrión quienes deciden qué sake a qué temperatura acompaña a qué plato. De todos modos, el sake realmente caliente es muy poco habitual, más bien una excepción, y suele tratarse de futsushu, un sake de baja calidad a partir de salvado de arroz y con todo tipo de aditivos; podría considerarse el equivalente del vino caliente navideño.

El sake de buena calidad siempre debería servirse fresco (10-15 °C) o a temperatura ambiente.

La elección del recipiente es tan importante como para nosotros la del vaso o copa para el vino o la cerveza, que influyen sobre el sentido del olfato y del gusto, y por lo tanto sobre la percepción global de la bebida. El sake también puede beberse de cuencos planos, tazas pequeñas o grandes; en Japón son importantes el tacto y el material, así como el tamaño de la mano de quien lo bebe. En las ocasiones especiales o las bodas también se sirve en recipientes cuadrados de madera, a menudo decorados con el nombre de los novios y que normalmente se pueden llevar a casa de recuerdo.

Hace mucho que en Japón hay fabricantes especializados en copas para sake, cuya forma y consistencia recuerdan a las copas de vino.
Yo recomiendo la experiencia de probar el sake de buena calidad en copas, como lo hacemos con el vino. Las paredes finas, la forma y la boca de la copa convierten el sake en toda una experiencia.

Sin embargo, en el día a día, en los bares izakaya y con amigos, es más lógico utilizar los vasos pequeños de siempre: si alguien grita «*kanpai!*» («¡salud!»), hay que vaciarlos de un trago. Entonces vuelven a rellenarse, pero nunca uno a sí mismo. Siempre hay que servirse unos a otros, es un gesto de civismo, hospitalidad y una lección de atención. Tradicionalmente los vasos siempre se llenan hasta el borde, incluso deben rebosar, ¡es una muestra de riqueza y generosidad!

PARFAIT DE SAKE CON ALBARICOQUES CONFITADOS Y PIÑONES TOSTADOS

El sabor fresco y fundente de este parfait no solo es un deleite para los aficionados al sake; lo acompañan unos albaricoques confitados que aportan una textura sedosa y delicada, junto con el frescor de la manzana, la naranja y el jengibre.

Para 4-6 personas
Tiempo de elaboración: aprox. 45 minutos (más 6-8 horas para congelar el parfait)

Para el parfait de sake

3 cdas. de sake
3 yemas de huevo
100 g de azúcar glas
sal
300 ml de nata
2 cdas. de piñones

Para los albaricoques secos confitados

½ vaina de vainilla
500 ml de zumo de manzana
zumo de 1 limón
2 cdas. de mermelada de albaricoque
2 estrellas de anís
300 g de albaricoques secos
10 g de jengibre fresco, rallado fino
zumo y ralladura de 1 naranja ecológica

Parfait de sake

Llevar el sake a ebullición en un cazo y reservar. Montar la yema y el azúcar glas con una pizca diminuta de sal en un recipiente metálico al baño maría hasta obtener una crema densa, luego incorporar el sake en un chorrito fino.

Enfriar rápidamente la mezcla del parfait sin dejar de remover (a poder ser sobre cubitos de hielo). Montar la nata hasta que esté cremosa y firme, e incorporar a la masa con movimientos envolventes. Forrar con papel de hornear un molde pequeño rectangular metálico y verter la masa. Meter al congelador tapado durante 6-8 horas. Enfriar en la nevera los platos donde se servirá el postre.

Albaricoques secos confitados

Mientras tanto, preparar los albaricoques. Para ello, abrir la vainilla a lo largo y sacar las semillas. Llevar a ebullición el zumo de manzana con el zumo de limón, la mermelada de albaricoque y el anís estrellado. Incorporar las semillas de vainilla.

Añadir los albaricoques y cocinar destapado 8 minutos. Echar el jengibre, luego el zumo y la ralladura de naranja, y seguir cociendo destapado unos 5 minutos. Servir templado o frío junto con el parfait.

Tostar los piñones en una sartén sin aceite hasta que estén dorados. Justo antes de servir, sacar el parfait del molde, cortar en raciones y disponer en los platos enfriados junto con los albaricoques. Espolvorear con los piñones.

Consejo

Estos albaricoques secos confitados también quedan muy bien con postres autóctonos, helado de vainilla, arroz con leche, pudin de vainilla frío, gratinados dulces y postres a capas.

YUZU KURIMU

Kurimu es como se dice en japonés «nata»; este pudin sedoso es fresco y cítrico gracias al yuzu, además del toque elegante e intenso de la albahaca. Como mejor queda este postre es con fresas frescas y melocotón maduro, pero también puede servirse con otra fruta de temporada.

Para 4 raciones
Tiempo de elaboración: 25 minutos (más al menos 2 horas para que el pudin se enfríe en la nevera)

1 vaina de vainilla
400 g de tofu sedoso
200 ml de nata (o nata de soja)
30 g de maizena
50 g de azúcar glas
3 cdas. de zumo de yuzu (véase consejo)
sal
hojas de albahaca
fresas o fruta de temporada

Abrir la vainilla a lo largo y sacar las semillas. Triturar las semillas con el tofu sedoso y la nata. Combinar la maizena y el azúcar glas con el zumo de yuzu, y luego incorporar a la mezcla anterior. Poner un cazo al fuego y llevar todo a ebullición sin dejar de remover con unas varillas. Seguir removiendo y cocer 1 minuto. Añadir una pizca de sal. Repartir la masa en pequeños moldes pasados por agua fría. Dejar que se solidifique en la nevera durante al menos 2 horas.

Para servir, separar cuidadosamente la crema del molde con un cuchillo, poner los moldes brevemente bajo el grifo de agua caliente y luego volcar la crema sobre platitos o cuencos enfriados. Decorar con hojitas de albahaca y servir con fresas u otra fruta de temporada.

Consejo

Encontrarás el aromático zumo de yuzu en tiendas asiáticas con un buen surtido. También puedes pedir por internet zumo o puré de yuzu. Si no puedes conseguir yuzu, sustitúyelo por zumo recién exprimido de lima, limón y mandarina mezclado a partes iguales.

GELATINA DE JUDÍAS ROJAS MIZU YOKAN CON «CASTAÑAS» CONFITADAS

Los jardines de Sengan-en son de los más hermosos del mundo. Estas cinco hectáreas de parque con maravillosas vistas del golf de Kagoshima y el volcán activo de Sakurajima abarcan ríos, cascadas, edificios tradicionales y casas de té, un sendero de montaña y la flora de Japón al completo. Son Patrimonio de la Humanidad de la UNESCO y fueron creados en 1658 por Mitsuhisa Shimadzu, el 19.° cabeza de familia del linaje Shimadzu. Durante mi visita disfruté de una ceremonia del té y probé el matcha orgánico Kirishima; también se sirvieron wagashi (dulces que acompañan el té), pequeñas y deliciosas obras de arte de la pastelería japonesa. El siguiente wagashi combina una gelatina fresca de judías rojas con castañas confitadas y láminas de pera aromatizadas con sake y sirope de flores de saúco.

Para 10-12 piezas
Tiempo de elaboración: 45 minutos (más al menos 5 horas para que se enfríe la gelatina)

Para la gelatina mizu yokan

- 15 g de jengibre
- 4 g de agar-agar
- 1 pizca de canela
- 1 cdta. de ralladura de naranja ecológica
- 400 g de anko (pasta de judías rojas fina, véase p. 203)

Para las castañas confitadas

- 200 g de castañas peladas y cocidas (en los supermercados bien surtidos se encuentran cocidas y al vacío o en lata)
- 40 g de azúcar de caña
- 2-4 cdas. de agua

Para las peras en sake y saúco

- 50 ml de sake
- 4 cdas. de sirope de flores de saúco
- zumo de 1 limón pequeño
- 1 pera firme (Nashi)

Gelatina mizu yokan

Pelar el jengibre y rallar fino, llevar a ebullición con 350 ml de agua. Retirar del fuego e incorporar el agar-agar con unas varillas. Cocer 2 minutos sin dejar de remover, luego añadir la canela, la ralladura de naranja y la pasta de judías, y seguir cociendo a fuego suave otros 3 minutos. Verter la mezcla sobre una bandeja pequeña o una fuente forrada con papel de horno, de manera que tenga 1 cm de grosor, y dejar enfriar. Reservar en la nevera al menos 5 horas. Luego cortar en trozos de bocado.

Castañas confitadas

Triturar las castañas y el azúcar de caña añadiendo el agua justa para obtener una masa delicada que pueda formarse. Hacer bolitas de bocado y, con un paño de cocina limpio, dar forma de castaña.

Peras en sake y saúco

Hervir sin tapa el sake y el sirope de flores de saúco durante 3 minutos, luego retirar del fuego y añadir el zumo de limón a través de un colador. Verter todo en un cuenco y dejar templar. Cortar las peras por la mitad y luego en láminas finas a lo largo evitando las semillas y sumergir en el líquido.

Disponer los dados de gelatina en un plato y poner encima dos láminas de pera superpuestas. Decorar con una «castaña» confitada.

Agradecimiento: Esta maravillosa combinación es idea y obra de la cocinera y estilista culinaria Julia Ewers, que me ayudó en la cocina cuando trabajaba en este libro. ¡Gracias Julia!

A

B

C

Equipo

STEVAN PAUL
vive en Hamburgo. Cocinero de formación, escribe y crea recetas para distintas editoriales y redacciones, y ya ha publicado numerosos libros de cocina. También trabaja como periodista freelance escribiendo artículos culinarios, columnas de opinión y reportajes de viajes para revistas y periódicos. Desde 2008 lleva la página www.nutriculinary.com, uno de los blogs culinarios más leídos en el ámbito de habla alemana. www.stevanpaul.de

MEIKE GRAF
se formó como decoradora y trabajó primero como estilista y productora freelance en el ámbito del interiorismo. Su pasión por la buena comida y por la cocina la llevó hasta la fotografía culinaria, y ahora combina colores, materiales y accesorios de forma creativa para representar la comida en su aspecto ideal. Lleva más de veinte años trabajando como estilista para distintas agencias publicitarias, editoriales culinarias y revistas de renombre en los sectores de la gastronomía y el interiorismo. www.meikegraf.de

ANDREA THODE
nació en 1972, en el norte de Italia, pero ya de niño se trasladó a Hamburgo. Tras estudiar fotografía, ejerció diversas profesiones antes de dedicarse definitivamente a ilustrar viajes, reportajes y escenas del ámbito de la gastronomía como fotógrafo en plantilla de la revista *Effilee*. Desde 2012 se dedica en cuerpo y alma a la fotografía freelance para diversas redacciones y agencias publicitarias, sobre todo en torno a la gastronomía. www.andreathode.de

JULIA EWERS
vive y trabaja como estilista culinaria freelance en Hamburgo. Se formó como diseñadora para comunicación y llegó al mundo del estilismo gastronómico gracias a su pasión por la cocina. Ya participó como ayudante en el libro *kochen*, de Stevan Paul.

GESA SANDER
estudió diseño y comunicación y trabaja como ilustradora y diseñadora gráfica freelance en Hamburgo. Ya ha diseñado numerosos libros de cocina, entre ellos *Cocina japonesa* de Stevan Paul. www.gesasander.de

HELENE HILLEBRAND
estudió diseño gráfico en la escuela superior de Münster. Le apasiona el diseño de libros, y se dedica a ello como diseñadora gráfica y maquetadora con un gran amor por el detalle.

De izda. a dcha.: Stevan Paul, Meike Graf, Andrea Thode, Julia Ewers

¡Gracias!

A Andrea Thode (fotografía de recetas y viajes), Meike Graf (diseño) y Julia Ewers (apoyo), es una alegría poder seguir contando esta historia con vosotros.

A Franziska Grünewald (Hölker Verlag, directora de proyecto) por su visión de conjunto y amplitud de miras.

A Julia Bauer (correctora) por su atención y minuciosidad.

A Helene Hillebrand por su meticulosa precisión, siempre con la vista puesta en cada detalle y en el conjunto.

A Hans-Georg Pestka (genusshandwerker.de), que nos abrió un mundo de posibilidades con el koji, el wasabi y el yuzu.

A Karl Wilhelmi (Drechsler), que fabricó palillos japoneses de maderas elegantes exclusivamente para este libro.

Hemos cocinado, diseñado y fotografiado este libro en «ellisküche», el estudio de alquiler con más encanto de todo Hamburgo (www.ellikocht.de). ¡Gracias, Elli!

También debo dar las gracias por el atrezo a: Nana König Design (www.nanakoenigdesign.com), DIY (hello@diy-stock.com), items (laden@items-hamburg.de), cameracuisine (cameracuisine.de), Elin Porten (supporten.org), veldraum (mail2@veldraum.de), mas o menos (fundus@mas-o-menos-hamburg.de).

Bibliografía

No todos los numerosos libros y recetarios que consulté para este libro resultaron ser de utilidad. Los que enumero a continuación son muy ilustrativos y me fueron de gran ayuda.
¡Gracias!

Amano, Hugh, Sarah Becan, *Ramen für alle*, Verlag Antje Kunstmann GmbH, 2020

Anderson, Tim, *Vegan Japaneasy*, Hardie Grant Books, 2019

Barber, Kimiko, *Die japanische Küche*, Haedecke Verlag, 2006

Brandes, Cathrin, *Fermentieren*, Neuer Umschau Verlag, 2016

Härtig, Malte, *Kaiseki – Die Weisheit der japanischen Küche*, Mairisch Verlag, 2018

Iina, Sawabatake, *Sushi Modoki, The Japanese Art and Craft of Vegan Sushi*, The Experiment, LCC, 2019

Ono, Tadashi, Harris Salat, *Japanese Soul Cooking*, Ten Speed Press, 2011

Redzepi, René, David Zilber, *Das Noma Handbuch Fermentation*, Verlag Antje Kunstmann GmbH, 2019

Robinson, Mark, *Izakaya – The Japaneses Pub Cookbook*, Kodansah USA, Inc 2012

Schwab, Axel, *Sushi Guide*, Books on Demand, Erste Auflage 2016

Tsuji, Shi- zuo, *Japanese Cooking – A simple Art* (edición de aniversario) Kodan- sha, 2011

Ueno-Müller, Yoshiko, *Sake – Elixier der japanischen Seele*, Verlag Gebrüder Kornmayer, 2013

Werlich, Uta, Inés de Castro, Toko Shimomura, *Oishii! Essen in Japan*, Linden-Museum Stuttgart, Arnoldsche Art Publishers, 2016

Yoshino, Masuo, *Sushi – natürlicher Genuss in japanischer Tradition*, FP Edition, 1987

Zaltenbach, Claudia, *Miso*, Haedecke Verlag, 2017

Japan: The Cookbook, Phaidon Press Limited, 2018

An Illustrated Guide to Japanese Cooking an Annual Events, Tankosha Publishing Co., Ltd. 2017

Papel certificado por el Forest Stewardship Council®

MIXTO
Papel | Apoyando la silvicultura responsable
FSC® C117695

Penguin Random House Grupo Editorial

Título original: *Meine grüne japanische Küche*

Primera edición: noviembre de 2022
Primera reimpresión: noviembre de 2024

Printed in Spain – Impreso en España

Estilismo: Meike Graf
Diseño y maquetación: Gesa Sander y Helene Hillebrand
Caligrafía japonesa: Satomi Edo

ISBN: 978-84-18055-63-8
Depósito legal: B-15.396-2022

Compuesto en Fotocomposición gama, sl
Impreso en Talleres Gráficos Soler
Esplugues de Llobregat (Barcelona)

DO 55638